大川隆法

○正しい供養 ×まちがった供養

愛するひとを天国に導く方法

まえがき

先祖供養《せんぞくよう》は、いわば宗教の本道である。

しかし、心配な点がいくつもある。

一つは、形式的な世間的な習俗《しゅうぞく》として供養がなされても、僧侶《そうりょ》側も遺族側も、あの世も霊も本当は信じていないため、故人《こじん》が救われていないことである。

二つは、「坊主宅配便《たくはいびん》」のようなサービスも始まって、宗教の権威が地に堕《お》ちていることである。

三つ目は、本物の宗教的真理を知らないため、「商売」で間違った先祖供養をやっている「宗教」が、実は悪霊《あくれい》の再生産工場となっていることである。

いずれにしても問題が多すぎる。

本書を一家に一冊常備して、「正しい供養、まちがった供養」について勉強してもらいたいものだ。

二〇一七年　一月二十四日

幸福《こうふく》の科学《かがく》グループ創始者兼総裁《そうししゃけんそうさい》　大川隆法《おおかわりゅうほう》

正しい供養

まちがった供養

contents

第1章

あの世への旅立ち

第2章

こんな間違《まちが》った先祖供養をしていませんか

第3章　正しい供養で故人も遺族も幸福になる

第４章

晩年を生きる心構え

エピローグ

プロローグ　死は永遠の別れではない

死別の時

死はとても悲しいものだ。
そして、切ないものだ。
生《せい》ある限り、
生物《せいぶつ》は生き続けたいものだ。

人間とて同じ。
生き続けんとして、
いつしか、病《やまい》か老衰《ろうすい》につかまり、
死の使者に連れ去られる。

死は、夫婦《ふうふ》の仲を引き裂《さ》き、
親子を会えなくしてしまう。
愛別離苦《あいべつりく》の苦しみを、
頭では理解していても、
やはり、ハラハラ、ハラハラと、

涙《なみだ》は、とめどなく流れ落ちる。
身内への愛は、
ほとんどが執着《しゅうちゃく》であると教わっても、
仏陀《ぶっだ》の言葉さえ、非情に響《ひび》く。

この世の命が尽《つ》き、
愛する人と別れるのは、
苦しくも、切なく、哀《かな》しい。
わかっている。
そうであろう。
だが、人は死の下《もと》に平等なのだ。

prologue

来世《らいせ》での再会を、
心の支えとせよ。

霊《れい》との対話による供養《くよう》の実例

◇ケース①◇

あの世に戸惑《とまど》う死後二週間の霊《れい》を諭《さと》す

現代人は亡《な》くなったあと、自分が霊になったことをよく理解できないことが多い。死後二週間たって、まだ戸惑いのなかにあった男性の霊を呼び出し、あの世への導きを試みた。（一部抜粋）

大川隆法　今回の霊言《れいげん》では、死を迎《むか》えるに当たっての準備と、あの世への旅立ちに当たっての心構

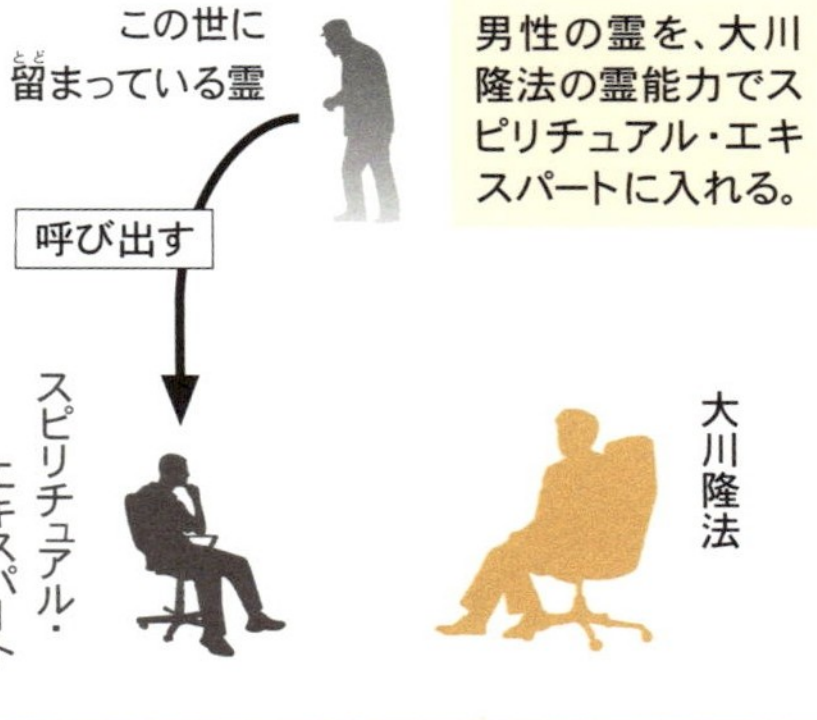

「霊言《れいげん》」とは？

「霊言」とは、あの世の霊を招き、その思いや言葉を語り下ろす神秘現象のこと。これは高度な悟《さと》りを開いている人にのみ可能なものであり、トランス状態になって意識を失い、霊が一方的にしゃべる「霊媒現象《れいばい》」とは異なる。

えなどの一般《いっぱん》的な部分について、理解を深めたいと考えています。

今日は、お亡《な》くなりになったばかりの方の霊《れい》と、その息子《むすこ》さんとでお話をしてもらいます。

私も、事情をよく分かりかねるところがあるので、身内の方に訊《き》いてもらいますが、ほかの人にとっても多少は参考になると思います。ご本人には、死と死後の行方《ゆくえ》について、納得《なっとく》していないところや訊きたいところ、あるいは、意見を言いたいところ等、思い残すことがあるなら、言ってくださればと思います。

では、そちら（スピリチュアル・エキスパート）に入ってもらいますね。

霊人　うーん……、いや、家族がわしを悲しんどる思いは伝わってきたよ。

大川隆法　本当に（自分は）「死んだ」と思っていますか。

霊人　うーん……。「死んだ」という定義が難しいなあ。
ただ、今、この訳《わけ》の分かんないところに来とるということは、おそらく死んだんだろうと。頭では推測はつくんだが、いまいち、この定義というかな、何をもって「死」と言うのか、よく分からん……。

大川隆法　ああ。でも、何かご不満があるのだろうと思うのですが。

霊人　うーん、いやあ、わしな、人生として、やっぱり、子育てに失敗した気はするんだよ。何て言うかなあ、やっぱり、「親の心、子知らず」というものが、すごくあるんだなあ。

まず、そもそもの、就職の前の学校選びから失敗しとったからなあ。わしとしては、やっぱり、エリートの息子を持ったことを誇《ほこ》りに、死にたかった。大きいというか、日本を背負って立つ大企業《だいきぎょう》のほうに進んでほしかったんだよ。

大川隆法　ただ、会社がいくら立派でも、あの世に持って還《かえ》れるわけではありません。〝あの世の神殿《しんでん》〟ではないので、ほかの会社にどんどん売り飛ばされて、転売されていきますし、永遠の住み処《か》ではないんですよ。諸行無常《しょぎょうむじょう》で、この世のものはすべて、いずれ人手に渡《わた》ったり、建て替《か》えられたりしていくので、それだけに執着《しゅうちゃく》してもしかたがないわけです。「あの世に持って還れるものは心だけ」という教えがあるように、最後に残るものはそれだけなんですよ。

この世を卒業したあとは「あの世への入学式」がある

霊人　もう、これは……、あれだなあ。わしみたいな人は、たくさんいるんですかねえ?

大川隆法　大勢いますよ。それが普通《ふつう》です。本当に普通なんですよ。ですから、亡くなったあともそのまま病院にいる人はたくさんいます。病院でうろうろしていると思います。

霊人　うーん。これは大変……。どうしたらいいんですかね、こういう人たちは。

大川隆法　ですから、正しい宗教を広めて、教えなければいけないのです。

霊人　うーん。いやあ、これはびっくりだなあ……。

大川隆法　（あの世に還ると）一見、この世で修行《しゅぎょう》した部分が無駄《むだ》になったようには見えます。ただ、あの世に還って、しばらく、いろいろ経験していると、この世で勉強したことが、また別な意味で役に立ってくるのです。

この世で持っていたいろいろな「知識や経験」、それから、「苦労したところや耐《た》えたところ」、「努力したところ」、あるいは「人を指導したところ」などが、新しい世界に慣れてくると、別の意味で、その人個人の力として出てくることはあるわけです。

ですが、今は駄目です。今は、〝赤ちゃん〟になって、小学校一年生を目指さなければいけない段階なのです。

霊人　いやあ、じいさまになったのに、また、〝赤ちゃん〟にならなきゃいけないいんですか。

大川隆法　そうなんですよ。もう一回、生まれ直さなければいけないのです。

〝卒業式〟のあとは〝入学式〟なんですよ。この世は卒業したのです。これはもう確定です。

すでに肉体は焼かれてなくなっているので、もう一回、（この世に）戻《もど》ってくることはできないんですよ。

霊人　うーん。

大川隆法　もう一回生まれてくるには、赤ちゃんになって、女性のお腹《なか》に宿る以外にありません。

ただ、赤ちゃんになって生まれ変わる前に、とりあえず、あの世で、本当の世界、真実の世界について勉強してほしいのです。それで、もう一回、人生観を見直してほしいですし、あるいは、この世で間違《まちが》った生き方をしている人に、導きを与《あた》えたりする仕事もあるわけです。

あなたのように、モーレツ商社マンをやっていても、地獄《じごく》に行く人は行くので、間違っている場合は、ちゃんと教えなければいけません。

霊人　そうかあ。じゃあ、わしが先に先輩《せんぱい》として（天上界に）上がって、親友がたには、わしがちゃんと教えてやんなきゃいけないですねえ。

大川隆法　そうですね。同僚《どうりょう》たち、後輩たちを導かなければいけませんね。

ケース②

亡《な》くなった夫からの優《やさ》しいメッセージ

夫を三年前に亡くし、これからの人生に悩《なや》んでいた女性。夫は今どうしているのか――。あの世にいる夫からのメッセージを伝えた。

私は、二〇〇七年の七月の終わりから八月の初めにかけてイギリスに行き、その滞在《たいざい》中、ロンドンからエジンバラに飛んで一泊《ぱく》しました。

そのときにガイドを務めてくれた人は、エジンバラに十数年住んでいるという、四十代前半の日本人女性でした。

彼女は、一九七〇年代に日本でも流行《はや》った、エジンバラ出身のグループの歌が大好きで、その歌手や彼らのファッションに惹《ひ》かれてエジンバラを訪《おとず》れ、そのまま居ついてしまったそうです。そして、スコットランド人の男性と結婚《けっこん》し、ガイド業を十数年やっているということでした。

「ご主人は？」と訊《き》くと、「三年前に亡《な》くなりました」と言いました。

そして、「私は、主人と住んでいた家にまだ住んでいます。ガイド業の資格もあるので、今もこの仕事を続けているのですが、もう三年たったので、どうしようかと迷っているんです」ということを、車のなかで私に言ってきたのです。

「私はこちらの世界でも幸福に暮らしているよ」

彼女は、私に霊能力《れいのうりょく》があることを知っていたので、「霊能者である私に、ご主人のことを相談したいのかな」と感じました。

そこで、私は、天国のご主人からの言葉をお伝えしました。

「ご主人は、『天国に還《かえ》って、とってもハッピーだ』と言って喜んでいますよ。結婚生活は、とても幸福だったようですね」

彼女はうなずきました。

「そうです。だから、なかなか忘れられないんです。とってもいい人でした」

「ご主人は、『こちらでハッピーに暮らしているから、君は、もう自由にしていいよ』と言ってますよ。

『もう三年たったし、いつまでも、この土地に縛《しば》られなくてもいいんだよ。もう君は自由にしたらいいよ。まだ若いんだから、いい人を見つけなさい。日本に帰ってもいいし、ここに居てもいいし、どちらでもいいから、いい人を探しなさいよ。

君との結婚生活はとっても楽しくて、うれしかったよ』

ご主人は、そう言ってますよ」

「そうですか！」

彼女は喜びました。まさに、そういうことが聞きたかったわけです。

ご主人は、「ああ、もういいよ。私はこちらの世界でも幸福に暮らしている。友達もできて、楽しくやってるから、もう君は自由にしなさい。私に執着《しゅうちゃく》しないで、ほかに好きな人をつくりなさい」と言っているわけです。

いいご主人です。

四十代前半なら、まだ十分に相手が見つかる年齢《ねんれい》なので、「いい人を探しなさい」という許可を頂けたら、それはありがたいことでしょう。

「『私は天国で暮らしているから、もういい。私の墓守《はかもり》はしなくていいよ』と言ってくれていますよ」

そのように、ご主人の言葉を伝えると、彼女は涙《なみだ》ぐみ、喜びました。

私は、「テレビなどに出ているスピリチュアリストと間違《まちが》われているのかな」とは思いながらも、実際に、彼女のご主人の霊が考えていることが分かるので、それをお伝えしたわけです。

第1章

あの世への旅立ち

1 まず、あの世を信じなければ供養《くよう》はできない

「死後に関する質問」に答えられない現代の僧侶《そうりょ》たち

日本では、二〇一一年、東日本大震災《だいしんさい》が起き、東北地方を中心に二万人ぐらいの方が亡《な》くなりましたが、さまざまなボランティアが東北に入り、復興を助けたり、心のケアを手伝ったり、食糧《しょくりょう》や物資の支援《しえん》をしたりしました。また、「反原発」「脱《だつ》原発」の運動をした人たちもいて、いろいろなかたちで救援活動は広がっています。

そのなかで、活動としてはマイナーなものだと思うのですが、美談として、よく新聞などで紹介《しょうかい》されているのは、「東北地方などのお寺のお坊《ぼう》さ

んたちが、無料で喫茶店《きっさてん》風にコーヒーを出したりしながら、被災者《ひさいしゃ》たちの話を聴《き》いてあげ、震災で心が傷ついた人たちのケアをしている」というものです。

ただ、そのお坊さんたちは、生き残った人から、「亡くなった○○さんは、どうなっているのでしょうか。夢によく見るのです」「海辺《うみべ》で、いろいろな霊《れい》が見えます」などと相談されたりもするらしいのですが、そう言われると、とたんに思考が止まってしまい、その相談にはうまく答えられなくて、医者の系統である精神科医の亜流《ありゅう》のような話に持っていくケースが多いようです。

もっと直接的な言葉を使って言うならば、私は、こういう僧侶《そうりょ》たちに対して、「本当に魂《たましい》の存在を信じているのか」と問いたいのです。

僧侶であれば、「魂の救済《きゅうさい》」の話ができなければいけません。それが僧侶の本来の使命です。

しかし、僧侶の本来の使命であるにもかかわらず、「家が潰《つぶ》れて亡くなった人は、どうなったのでしょうか。いきなり津波《つなみ》が来て、海に流されてしまった人や、乗っていた漁船が転覆《てんぷく》し、死んでしまった人は、どうなっているのでしょうか」と訊《き》かれても、この僧侶たちは答えられない状態ではないかと思うのです。

そういうところに「現在の仏教の救済力のなさ」が表れているような気がしてなりません。

仏教のお寺には、「観光仏教」とよく言われるように、普段《ふだん》は、古い建物を案内したり、拝観料《はいかん》を取ったりして、生業《なりわい》を立てているところも多いと思いますが、いざ、「人の死」に直面したときには、僧侶は、それについて、きちんと説明できなくてはなりません。

亡くなった人が迷っている場合には、だいたい、身内の周辺か、自宅や職場のあたりにいるはずなので、遺族や葬儀《そうぎ》の参列者等に仏法真理《ぶっぽうしんり》を語れば、それを霊自身が一緒《いっしょ》に聴くこともありますし、あとから遺族等の会話を通して耳にすることもあります。それによって、霊が救われることがあるのです。

真実を知らなかった人は、自分の死を理解できない

生前、あの世や霊を頑固《がんこ》に拒否《きょひ》していた人たち、確信犯的に拒否していた人たちは、自分が死んだことに納得《なっとく》しません。

「これは何かの間違《まちが》いだ。私は夢を見ているか、幻覚《げんかく》を見ているのだ」、あるいは、「みんなで芝居《しばい》をしているのだ。〝ドッキリカメラ〟のようなことをやって、私を騙《だま》しているのではないか」などと言って、なかなか信じ

ようとしないのです。

私は、以前上映した映画の冒頭《ぼうとう》で、次のようなシーンを描《えが》きました。

それは、自殺者の霊の話です。ある新聞社のエリート記者が、政治家の汚職《おしょく》スキャンダルで誤報記事を書き、それを苦にして、電車に飛び込《こ》み自殺をします。しかし、霊になったため、当然、死んでも死に切れません。ボロボロになった姿で駅のホームのあたりを徘徊《はいかい》し、たまたま通りかかった主人公の女の子を、線路に引きずり込もうとするのです。こういうシーンが、映画の最

主人公の女の子を線路に引きずり込もうとする自殺者の霊。

初のほうに出てきます。

そのように、この世的には立派に見えたり、社会で活躍《かつやく》したりしていたとしても、真実を知らない人は、自分の死んだあとの状況《じょうきょう》を客観的に理解することができないのです。

あの世や死ということについて、説明を受けたことがない人や、知ろうとしたことがない人、あるいは、人から話しかけられても拒絶し、「そんなものは全部インチキだ」と決めつけていたような人が亡くなった場合には、非常に難しいものがあります。

ただ、真実に目覚めるきっかけは、何十年かの人生を生きる間に、本当はたくさんあったはずなのです。

2 幼い息子《むすこ》を亡《な》くした女性に釈迦《しゃか》が諭《さと》した言葉とは

先祖供養《くよう》を行《おこな》う前に、人間の死というものを一度振《ふ》り返って考えてみる必要があると思います。

今から二千五百数十年前のインドの釈迦《しゃか》の時代、祇園精舎《ぎおんしょうじゃ》があったシュラーバスティーという町に、キサーゴータミーという女性がいました。

この女性は、自分の小さな息子《むすこ》を亡《な》くしてしまい、半狂乱《はんきょうらん》になって、もう世も終わりであるような気がしていました。

しかし、祇園精舎にはお釈迦様がおられるのだから、これは何とか助けてもらおうと思い、その男の子の遺体《いたい》を抱《だ》いて、「お釈迦様、私のかわいいかわいい子供が死んでしまいました。何も悪いことをしていないのに、こんなことはないと思います。これから一生懸命《いっしょうけんめい》大きくなって生きていこうとしていたのに、死んでしまいました。こんな無慈悲《むじひ》なことがあるのでしょうか。これでは神も仏もないではないですか。どうぞ生き返らせてください。お釈迦様の持っている神通力《じんつうりき》でもって、生き返らせてください。お願いいたします」と嘆願《たんがん》してきたのです。

そこで釈迦は、「いや、そんなことはできない」とは言いませんでした。「そうか、分かった。では、生き返らせてあげよう。その代わり、一つだけ条件がある。あなたは町へ行って、いまだ死者を出したことのない家から、芥子種《からしだね》をもらってきなさい。そうしたら、私がこの子を生き返らせてあげよう」と答えたのです。

キサーゴータミーは、その話を聞いて一目散《いちもくさん》に町に出ていって、芥子種ぐらいならどこにでもあると思って尋《たず》ね歩くのです。ところが、芥子種は確かにどこの家にもあったのですが、死者を出したことのない家は、どこにもなかったのです。どこの家に行っても、「うちも、お父さんが死にました」「子供が死にました」「おじいさんが死にました」「おばあさんが死にました」――誰《だれ》かが必ず死んでいるのです。芥子種はあったけれども、いまだかつて死者を出したことのない家はなかったのです。

そして戻《もど》ってきて、釈迦に、「いろいろな家を訪ねてみましたが、芥子種はあったけれども、死者を出したことのない家というのはありませんでした。このシュラーバスティーの町のなかで、そのような所はありませんでした」と言うと、釈迦は「ゴータミーよ。よく分かったね。そのとおり。死者を出さない家というのはないのだよ。いまだかつて、死んだことのない人というのはいないのだよ。どのような人でも、必ずこの世を去っていくのだよ。そのように、世の中は無常《むじょう》なのだ。その無常な世の中を生きているからこそ、人間はそのなかで悟《さと》りを開くことが必要なのだ。悟りを開くことによって、無常な世の中に生きていながら、幸福というものを知ることができるのだよ」という話をしたのです。

それが縁《えん》となって、このゴータミーもやがて出家《しゅっけ》して、釈迦教団に入るわけです。これは、有名な話の一つです。

このように、自分の肉親が死んだり、子供が死んだり、いろいろなことがあると、自分だけがものすごく不幸に陥《おちい》ったように思うのですけれども、実際はこのゴータミーの話と同じで、死者を出したことのない家というのはないのです。どの家庭にも、どの家族にも、死者というのは絶対に出てくるものなのです。やはり、それを現実だと思って見なければいけないのです。

これが、先祖供養の起源になるような話であると思いますが、必ずみんな死んでいくものなのです。その順番は分かりませんが、通常ならば年齢《ねんれい》の順に必ず死んでいくものなのです。

3 人は死んだらどうなるのか

普通《ふつう》の人は自分の死をなかなか自覚できない

肉体には魂《たましい》が宿っており、死後は、その魂が肉体から離《はな》れ、あの世へと旅立っていくわけですが、通常、自分が死んだことが、なかなか分からないのです。もちろん、亡《な》くなって、その日のうちに、サッと肉体から出ていく人もいますが、普通《ふつう》の人は、自分が死んだことが、すぐには分かりません。そこで、しばらくは、病気の延長のようなつもりで、肉体のなかにいるのです。

そして、周りの人が、「ご臨終《りんじゅう》です」とか、いろいろなことを言っているのを、「まだ生きているのに、おかしなことを言うなあ」と思って聞いています。

ときどき、まぶたを開《あ》けたり閉めたり、ライトを当てたりされるので、「何をするか。まぶしいじゃないか」と本人は言っているのですが、「反応がありません。もう瞳孔《どうこう》が開《ひら》いています」などと言われるわけです。

あるいは「心臓が止まりました」とか言われるので、自分の胸に手を当ててみると、まだ心臓は動いているのです。

これは心臓の霊体《れいたい》がまだ動いているからなのですが、「あれ、おかしいな。心臓が動いているのに『止まった』と言っている。この医者は誤診《ごしん》をしている。『脳波も停止しました』なんて、大変なことを言っているけれども、現に脳が一生懸命《いっしょうけんめい》に活動しているのに、何を言っているのだ」というように思うのです。

このように、通常は、「自分はまだ生きている」と思っていて、死んだことの自覚がありません。しかも最初は肉体そのままの姿でいますから、周囲の状況《じょうきょう》を変に感じるのです。

魂《たましい》が肉体から離《はな》れるまでの様子

普通の場合、魂《たましい》が肉体から離《はな》れるまでに、だいたい一日から二日近くかかります。

通夜《つや》という習慣があり、この通夜の期間を過ごしてからでないと、火葬《かそう》場《ば》で肉体を焼かないようになっていますが、なぜかというと、まだ魂が肉体から離れていないからです。伝統的に、「魂が離れていない間は肉体を焼いてはいけない」ということが知られているのです。

やがて、セミが殻《から》を脱《ぬ》ぐようなかたちで、魂は次第《しだい》しだいに肉体から遊《ゆう》離《り》していきます。

まず、魂の上半身の部分が起きてきます。そのあと、魂全体が体から浮《う》いて出てきて、スーッと空中に浮き上がります。

このときに、魂と肉体は、頭の部分から出た一本の線でつながっています。「霊子線《れいしせん》（シルバー・コード）」という線です。これがつながっているうちは、まだ完全な死ではないのです。これが、やがてプチッと切れます。それが切れたときに、「完全に死んだ」というかたちになります。

そのあと、しばらくは、自分の通夜や葬式が営《いとな》まれているところ、それから、自分が火葬場で焼かれているところを、自分で見ることになります。

そして、「葬式で飾《かざ》られている写真を見たら、な

肉体と魂《たましい》が離《はな》れるまで

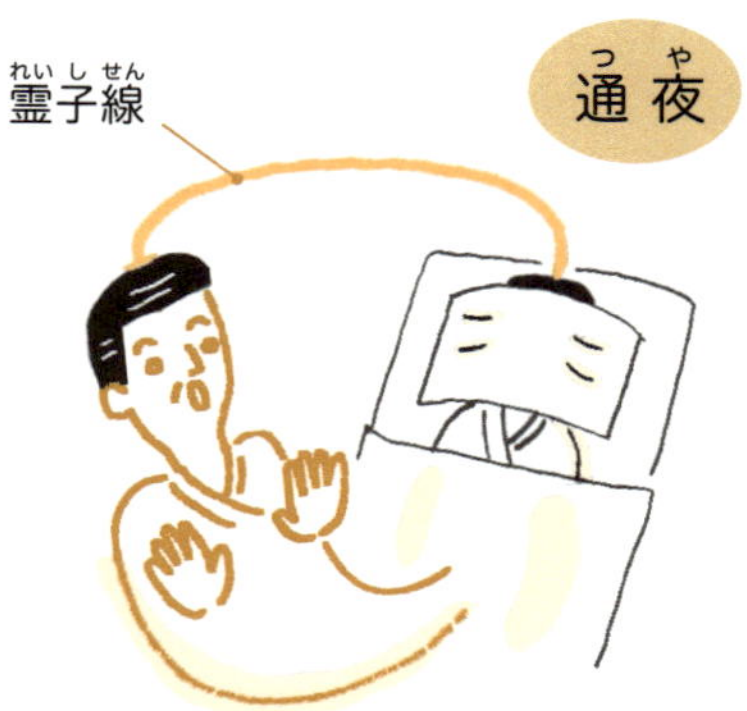

んと、私の写真が飾られている」ということで、「どうやら、私は死んだらしい」と悟《さと》るわけです。

また、各人には守護霊《しゅごれい》というものがいて、そのころに、この守護霊が迎《むか》えに来ます。人間が死ぬときには、守護霊が迎えに来て、「あなたは、実際は死んだのだ」ということと、「地上への執着《しゅうちゃく》を去らなければいけない」ということを懇々《こんこん》と教えてくれ、それから、その人が行くべき場所に連れていってくれます。そのような導きがあるのです。

霊界《れいかい》では一人ひとりが大事にされている

その後、魂は体から離れ、トンネルを抜《ぬ》けて光の世界に入り、お花畑

を通って三途《さんず》の川に出ます。日本では川の場合が多いのですが、湖の場合もありますし、スイスのほうでは、山の峠《とうげ》を越《こ》えることが三途の川を渡《わた》る代わりになっていることもあります。そのように、いろいろな場面が出てくるのですが、そのときに何らかの導きは必要なのです。

あの世では、導きの仕事をするために、数多くの人がいます。その実態を見れば見るほど、「人間は一人ひとりが非常に大事にされているのだな」と思います。

地上には六十億以上の人がいて（発刊時点）、毎日、誰《だれ》かが事故で死んだり病気で死んだりしますが、そのことがきちんと霊界《れいかい》に伝わっていて、

その人の関係者が来てくれるのです。ありがたいことに、友達や親類縁者《しんるいえんじゃ》も来てくれますし、さらには、宗教系統のお手伝いの人たちまで来てくれます。ある人の死を、あの世の多くの人たちが知っているのです。これを見ると、「一人ひとりが非常に大事にされている」と感じます。

過去を映し出す「照魔《しょうま》の鏡」

普通の人の場合、三途の川も出てくるのですが、そのあと、生前の清算をするまでの間は、天国・地獄《じごく》が分かれる前の所、この世の延長線上の霊界にいます。

そこで、よく言われるように、過去を映すスクリーンを見ます。スクリーンというのは現代語で、現代の映画やビデオができて初めて出てきたものであり、昔で言えば、過去を映す鏡です。

あの世の人と、いろいろ話をしてみたところでは、彼らは、だいたい、「『照魔《しょうま》の鏡』という言葉をよく使う。『照魔の鏡』と言うことが多い」と述べています。それは、生前の悪業《あくごう》、悪いことをしたことなどを映し出す鏡なのです。

そういう、イメージ的には鏡、もしくはスクリーンのようなものがあり、自分の生前の何十年かの生涯《しょうがい》、「個人ヒストリー」を上映してくれるのです。

この世的には、上映時間は、本当に短い時間なのですが、気分的には一時間ぐらいの感じでしょうか。

生まれてからの、要所要所、いろいろな人生の転機、要するに、自分の意識で見ると「スナップ写真」みたいに写っているようなところが出てきます。

この世に生まれて、幼少時代、小学校時代、中学校時代があり、それから、進学したり、卒業したり、結婚《けっこん》したり、就職したり、転職したり、離婚したり、破産したり、再建したり、子供が大きくなったり、子供が亡くなったり、いろいろなことがあります。

そういう、自分の経験したことのトピックスが、次々と出てきて、「その都度《つど》その都度、自分がどのように思ったか。どう考えて乗り越えてきたか」というようなことが、ザーッと出てくるのです。

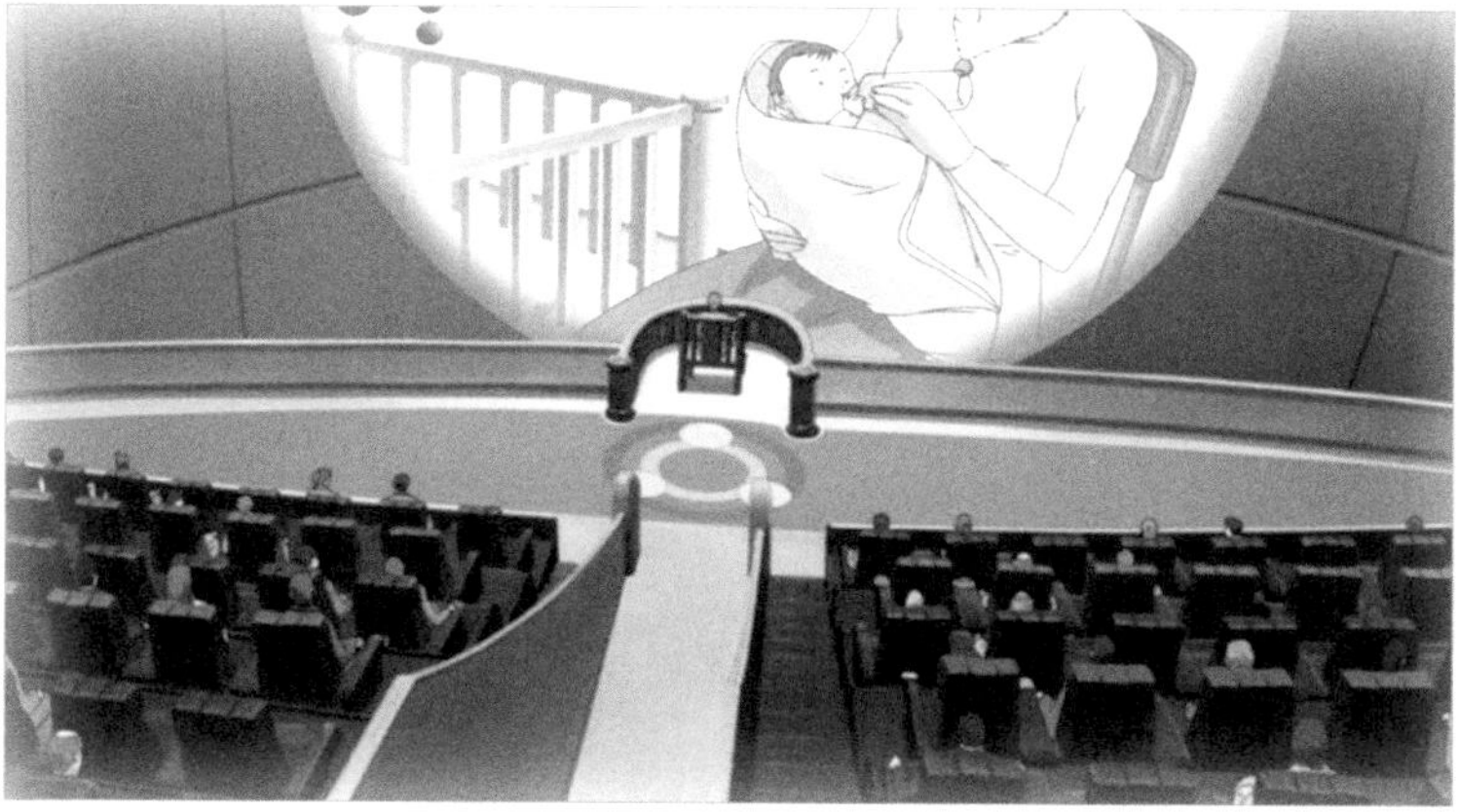

死後、あの世に還《かえ》ると、映像を通して、生まれてから死ぬまでの自分の人生を観《み》ることになる。（映画「永遠の法」〔大川隆法製作総指揮、2006年公開〕より）

〝人生ドラマ〟を見て、死後の行き先が決まる

これは、たいていの人にとって、嫌《いや》なものです。恥《は》ずかしいシーンや隠《かく》したいシーンが多く、他の人に見せたいシーンは、大して出てこないというような状況です。

ほめてもらいたいシーンは、それほど出てきません。逆に、「ほめてもらいたい」と思って、いろいろと画策しているようなところが出てきたりします。

そのように、「自分はどういう人間であるか」が明らかにされてしまうのです。

しかも、〝人生ドラマ〟を上映する際には、親類縁者や友達など、その人と関係のある人が、いろいろと集まってきます。年を取ってから亡くな

った人であれば、自分より先にあの世に行っている人が多いので、その分、大勢の人に見られることになります。

そして、上映が終わったときに、拍手《はくしゅ》が起こるか、それともシラーッとしているか、みなの反応を見れば、「自分は、これから先、どの世界に行くべきか」ということが、何となく分かってくるのです。

つまり、あの世での行き場所を決めるものは、生前のこの世での生き方そのものなのです。

「この世で、どういう生き方をしたか」ということが、「死後、天国に行くか、地獄に行くか。それとも、天国にも地獄にも行けず、この世でうろうろすることになるのか」を決めることが多いのです。

霊的《れいてき》人生観を受け入れるかどうかで、人生に大きな差が出る

その意味で、あの世は、非常にフェア（公平）な世界です。

この世では、フェアでないこともあります。実直《じっちょく》に、正しく、一生懸命に生きたのに、この世では、それほど報《むく》われない人もいれば、うまいことをやって成功する人もいます。この世では、いろいろなケースがあろうと思いますが、あの世の世界というのは、かなりフェアに判定が出るのです。神、仏の創った世界は、決して、人間の生き方を裏切るようなことはありません。

この世で苦労したら、「損をした」と思うかもしれませんが、その苦労が、それなりに正しいものであれば、あの世で報われることになります。一方、この世で楽をして、「うまくいった」と思ったとしても、それが正当なもの

ではない場合は、死後、あの世で必ず反省させられるようになるのです。

これが真実の世界観であり、宗派《しゅうは》を問わず、宗教を問わず、洋の東西を問わず、全世界で認められている考えなのです。

こうした霊的《れいてき》人生観を受け入れて生きている人と、受け入れずに生きている人とでは、やはり人生に大きな差が出てきます。

霊的人生観を持っている人にとっては、日々の仕事や生活が、学びの場になります。

一方、「こんなものは信じられない」と思っている人にとっては、すべてが偶然《ぐうぜん》の連続になります。「死後の世界など分からないから、考えても無駄《むだ》だ」と思うのでしょうが、結局、あとで大きなつけが回ってくるのです。

このことについては、私自身の三十年近い経験から見て（発刊時点）、「疑う余地はない」と述べておきたいと思います。

point

■僧侶《そうりょ》であれば、死後の「魂《たましい》の救済」の話ができなければいけない。それが、僧侶の本来の使命。

■生前は立派に見えたり、社会で活躍《かつやく》したりしていても、霊《れい》的《てき》真実を知らなかった人は、自分の死をなかなか理解できない。

■あの世では、導きの仕事をしている人が数多くいて、一人ひとりが非常に大事にされている。

■あの世に行くと、自分の「人生ドラマ」を観《み》ることになる。あの世での行き場所を決めるのは、生前の生き方そのもの。

第2章

こんな間違《まちが》った先祖供養《くよう》をしていませんか

1

幸・不幸の原因は自分自身にある

不幸を先祖のせいにする供養《くよう》は間違《まちが》い

先祖供養《くよう》には、次のような悩《なや》みがよくあります。「病気や怪我《けが》、事業の失敗や受験の失敗など、さまざまな不幸が家庭内に起きるので、あるところで見てもらったところ、『先祖が浮《う》かばれていないからだ』と言われた」というケースです。

たいていの場合、四代以上前の先祖が浮かばれていないと言われます。そして、「それが原因で不幸が起きているのだから、先祖供養をしっかりやれば運がよくなる」と言われるのです。これは、先祖供養型の宗教を生《なり》業《わい》とする人の常套《じょうとう》手段だと言ってもよいでしょう。

先祖といっても、二、三代ぐらい前の人は、まだ生きている場合もありますが、四代ぐらい前になれば生きているはずはないので、四代以上前の先祖が迷っていることにするわけです。そして、不幸の原因をすべて先祖のせいにして、「迷っている先祖の供養さえすれば、幸福になれる」と言います。

このやり方ならば、どのような相談が来ても大丈夫《だいじょうぶ》です。あらゆる悩みに対して、「あなたの家には、浮かばれていない先祖がいる」と言えばよいのです。四代前であろうと、十代前であろうと、二十代前であろうと、先祖が浮かばれているかどうかは、相談者には分かりません。したがって、何代か前の先祖のせいにしておけば、それで見料《けんりょう》をもらえるのです。

このような〝商売〟が日本各地でどれだけ行われているかを考えたとき、

私は愕然《がくぜん》とせざるをえません。なかには、本当に浮かばれずに迷っている先祖がいる場合もありますが、その場合でも、積極的に子孫《しそん》を害してやろうと思っている先祖は、基本的にはいないのです。

ただ、「溺《おぼ》れる者は藁《わら》をもつかむ」ということわざどおり、どうしてよいか分からずに、先祖が子孫を頼《たよ》ってくることはあります。しかし、この場合でも、彼らは積極的に子孫を害そうとしているわけではありません。それが事実です。

彼らは人間としての正しい生き方が分からずに迷っています。自分が間《ま》違《ちが》った理由、自分が今苦しんでいる理由が分からないのです。したがって、先祖供養においては、それを教えてあげることが大事です。

彼らは、自分の思いのままに生きたところ、死後、意外な世界に行ってしまったため、どうしたらよいか分からずにいるのですが、そのとき、子孫に祟《たた》ったりすれば、罪がさらに重くなって苦しむことになるのです。

本当の意味で先祖を供養し、彼らが浮かばれるようにするためには、遺《のこ》された子孫が、常に先祖に対する感謝の念《ねん》を持つとともに、人間としての正しい生き方、光に満ちた生き方をすることが必要です。これが先祖供養の前提なのです。

供養《くよう》のつもりが「奪《うば》う愛」になっていないか

ただ、「先祖を供養《くよう》したい」という子孫の念が、愛念《あいねん》として実る場合はよいのですが、そうではない場合があります。それは、子孫の側《がわ》、生きている人間の側が、何とか救われたくて供養している場合です。

例えば、「学業が不振《ふしん》である」「事業が不振である」「会社で出世しない」「恋愛《れんあい》が成功しない」「子供に問題が起きた」などということがあると、「これは先祖が迷っているからではないのか」と考え、自分たちが幸福になりたくて一生懸命《いっしょうけんめい》に先祖供養をしていることが、数多くあります。

ここには、微妙《びみょう》ながら、すり替《か》えの起きる可能性があります。供養というものは、本来は「与《あた》える愛」であるにもかかわらず、子孫の側が、わが身かわいさ、浮世《うきよ》の生きやすさのために、「先祖が悪さをしないように」という思いで供養していると、そこに「奪《うば》う愛」が生じやすいのです。

その結果、無反省な人間が生まれ、供養される側と供養する側が同質になることがあります。

供養される側が天国に行っている場合であれば、そういう問題は起きませんが、先祖が、あの世で悪霊《あくれい》となり、迷っているような場合は、子孫が欲得の心で先祖供養をすると、両者はほとんど同質なので、完全に通じてしまうのです。

御札《おふだ》や護摩木《ごまぎ》で先祖が救われるわけではない

これは、たとえ話で言えば、こういうことです。父親が多大な借金を背負っていて、また息子《むすこ》は息子でまったく別に同じような借金を背負っているとしましょう。その借金を背負っている息子が父親の借金を返すことができるでしょうか。そういう問題を提起してみると、「できない」というのが答えです。ところが、「事業に成功して大きなお金を持っている息子が、父親の借金を返すことができるか」という設問の場合には、「できる」ということになります。これが先祖と子孫の関係であるわけです。

「先祖が浮かばれていない」、「地獄《じごく》で苦しんでいる」ということは、〝借金〟を背負っているのと一緒《いっしょ》です。精神的な借金、この世で生きたときの借金を背負っているわけです。

その借金を払《はら》うために、子孫がそれを供養し、先祖を成仏《じょうぶつ》させようとするときに、子孫が悪霊に憑《つ》かれるような目茶苦茶《めちゃくちゃ》な生活をしていた場合には、子孫もまた負債《ふさい》を負っているわけです。借金を持っている者が、借金を持つ人の借金を、代わりに返すことはできないのです。その借金を返すことができるためには、自分自身が蓄財《ちくざい》をしておかなければならないのです。豊かであればこそ、他人《ひと》の借金を払うことができるのです。

この「豊かである」ということは何かと言うと、「今世《こんぜ》において徳を積んでいる」ということなのです。それは、仏法真理《ぶっぽうしんり》に基《もと》づいて日々修行《しゅぎょう》をしているということです。光の徳を積んでいること。光を蓄積していること。天の蔵に富を積んでいること。それがあってこそ、苦しんでいる人に対して、その光を廻向《えこう》することができるのです。光を手向《たむ》けることができるわけです。これが、先祖を供養する場合の正しいものの考え方なのです。

ですから、御札《おふだ》や護摩木《ごまぎ》で先祖が救われるわけではないのです。生きている子孫たち、縁《えん》のある人たちが、日々、徳を積むことが大事なのです。

正しい宗教かどうかの見分け方は、生きている人、現実に修行をしている人に、反省をキチッと教えるかどうか、自己責任のところをキチッと教えるかどうか、というところにかかっています。

ですから、先祖供養団体に対しても、ここのところをチェックしてください。ご先祖様にすべて任せてしまって、「ご先祖様が悪ければ自分は幸福になれない。ご先祖様がよければ自分は幸福になれる」というワンパターンの考えをしているところは、ことごとく間違いです。

2 先祖が迷っている場合の注意点

先祖が迷っている場合、その原因は先祖自身にある

愛と慈悲《じひ》の心で先祖を供養《くよう》したいという気持ちがみなさんにあること自体は、非常によいことなのですけれども、ただ、先祖が迷っているのは、決して子孫《しそん》の責任ではないのです。これは原則ですから、よく知っておいていただきたいのです。

地獄《じごく》に堕《お》ちたのは、やはり、本人の生き方に問題があったのです。思いと行《おこな》いに問題があって、地獄に堕ちているのです。この大前提は知っておいてください。そうしないと、みなさんが一生懸命《いっしょうけんめい》供養をしていても、先

祖のほうは「自分が悪い」とは絶対に思わない人が多いのです。子孫のせいにしてきます。「立派な墓《はか》を建てないから、俺《おれ》はこんなに苦しいのだ」「仏壇《ぶつだん》が安物だから、こんなに苦しいのだ」「位牌《いはい》が悪い」「戒名《かいみょう》をつけなかった」とか、いろいろなことを言うわけですが、これは言いがかりというものであって、そういうものによって救われることは実際はないのです。まったくありません。

ですから、この前提のところを教えてあげる必要がどうしてもあります。「お墓が悪いからだ」とか、そんなことを言っていたのでは、要するに自分の責任は何もなくて、子孫だけの責任になります。そこで、「ときどき、懲《こ》らしめてやらない

といけない」などと、バカなことを考えて出てきては、いわゆる〝障《さわ》り〟というものを起こす先祖がいるわけです。とんでもない間違《まちが》いです。

「生きていたときの思いと行いに基《もと》づいて、天国・地獄が分かれるのであり、あなたが地獄に堕ちているのは、やはり、それだけの責任があったからですよ」ということを教えてあげることです。冷たく感じるかもしれませんが、そうではないのです。これは愛なのです。

先祖による障《さわ》りの例

それから、もし、生きている人に、先祖と同じ特徴《とくちょう》が出てきたら、それは「先祖の霊《れい》が来ている」ということです。

例えば、「お父さんは、生前、酒乱で、アルコールが入るとおかしくなり、大暴《おおあば》れをして、家のものを壊《こわ》したり、刃物《はもの》を持って人を追いかけたりするようなことばかりしていた。その子供は、そんなことはなかったのに、お父さんが死んで、しばらくすると、まったく同じようなことをし始めた。お酒を飲んでは、お父さんと同じようなことを言ったり、暴れたりするようになった」などということであれば、死んだお父さんが迷って来ているのは、ほぼ間違いないのです。

それから、お父さん、おじいさんあたり、あるいは、お母さん、おばあさんあたりの先祖が、色情面で非常に大きな問題があった場合、すなわち、男女の愛憎劇《あいぞうげき》で、いろいろと地獄をつくり、家族に迷惑《めいわく》をかけたような場合に、その人が亡《な》くなってから、しばらくして、その子供たち、娘《むすめ》や息子《むすこ》たちが、また同じような色情問題をたくさん起こし、家庭を崩壊《ほうかい》させ、愛憎劇を繰《く》り返すようなことがあります。

そういう場合は、確かに、よく言われるとおり、「障《さわ》りがある」ということです。成仏《じょうぶつ》していない先祖の霊が障っているのは間違いないのです。

死後、五年たっても娘《むすめ》に憑依《ひょうい》していた父親の霊

私は、霊的能力に目覚めたあと、二十代後半のころに、ある若い女性と面談をしたことがあります。その人は、「五年ぐらい前に父親が交通事故で亡くなった」という話をしていたのですが、しばらくすると、私には、その女性の後ろに背後霊となって憑《つ》いている、そのお父さんの姿が視《み》えてきました。

そのあと、お父さんの霊が私のほうに来たので、一時間ぐらい話をして、ずいぶん説得をしましたが、その人は、交通事故で死んだときのまま、七《しち》転八倒《てんばっとう》の苦しみの状態にあったのです。

こういう霊が憑いていたら、娘のほうは大変です。まともな人生を生き

るのは難しくなるでしょう。その女性は霊能者ではないので、ストレートには伝わらないからまだいいようなものの、そのように、七転八倒しているお父さんが後頭部にベターッと張りついていて、それを連れて歩いていたのでは、人に対して何となく嫌《いや》な感じを与《あた》えるでしょうし、インスピレーションも悪いでしょう。そのため、やはり不幸になっていくだろうと思います。

私は、その亡くなったお父さんと話をしたわけですが、交通事故で死ぬときは、一瞬《いっしゅん》のことなので、心の準備ができていないのです。家族がその後どうするかも、まったく考えていないし、職業も、まだ途中《とちゅう》です。そういう、まったく心の準備ができていない状態で、いきなり死んだわけです。

そして、頭が割れて出血し、血がたくさん流れていて、「苦しい、苦しい。助けてくれ」という状態のまま、五年もたっているのです。

幸福の科学の真理を学んでいる人は、「死んで霊になったら、そんなに痛いわけもないし、血も出るわけがない」と思うでしょう。そのような悟《さと》りを持っている人には、そのような世界が展開してきます。

しかし、「この肉体が自分だ」と、百パーセント信じている人の場合は、交通事故でダンプカーにはねられたりしたら、そのときの、体がぐしゃぐしゃになって血が流れている状態を、「自分だ」と、百パーセント思ってしまうのです。

病気や事故などで死んだ人は、死後も、その状態で止まっていて、まだ重体だったりします。頭が割れている状態や、怪我《けが》をして、どくどくと血が出ている状態、あるいは、激しい痛みが襲《おそ》ってくる状態などが続いているのです。

例えば、胃ガンで亡くなった人は、肉体はもう火葬場《かそうば》で焼かれていて存在しないのですから、胃が痛むはずはありません。ところが、死んで何年もたっているのに、その胃ガンの痛みが、まだ、ずっと続いていたりします。

それから、心臓が苦しくて死んだ人も、もう肉体は火葬場で焼かれていて存在しないのに、まだ、「心臓が苦しい、苦しい」と、ハアハア言っていたりします。

こうした人は、ある意味では、「精神生活が貧困だった」と言えば、そのとおりです。心の領域が耕《たがや》されていなかったのです。

彼らは、まさしく、医者が言うとおりに、頭脳と神経によって精神が発生するように思っていたわけであり、そういうレベルで生きていた人たちなのです。

供養《くよう》の前に知っておきたい「波長同通《はちょうどうつう》の法則」

このように、先祖が地獄で迷っている場合もありますし、先祖の霊が子孫に憑依《ひょうい》していることもあります。現実に、そういうことを私は数多く見てきました。

しかしながら、霊界《れいかい》には「波長同通《はちょうどうつう》の法則」というものがあって、「取り憑かれる者」と「取り憑く者」とは思いが通じているのです。そうでなければ、憑依霊は地上の人に憑いていられません。憑依霊が長く憑いていられるのは、両者の心の思いが似ているからなのです。

例えば、この世に生きている人が、誰《だれ》かを強く恨《うら》んだり憎《にく》んだりする気持ちを持っているとします。その場合、あの世の地獄界に堕ち、人を恨んだり憎んだり怒《おこ》ったりしている先祖がいれば、両者の波長が通じてしまいます。

そうすると、子孫がその思いを持ち続けるかぎり、先祖は、いつまででも憑依することができ、憑依された人の運命を悪くしていきます。その人を病気にしたり、事業を成功させなかったり、間違った判断をさせたりできるのです。

そういう意味では、「先祖が迷っていて、子孫を苦しませる」という現象が、あることはあります。

しかし、その場合であっても、「まず子孫の側《がわ》が自分自身の心を正すことが大事である」と言っておきたいのです。

point

■子孫《しそん》の側《がわ》が、自分たちの不幸を「先祖のせい」にして行う供養《くよう》は間違《まちが》い。

■先祖が迷っているのは、生前の「本人の生き方」に問題があったから。御札《おふだ》や戒名《かいみょう》などで救われるわけではない。

■正しい宗教かどうかの見分け方は、「反省」と「自己責任」を教えるかどうかにかかっている。

■先祖の霊による障《さわ》りは、「波長同通《はちょうどうつう》の法則」で起きる。まず、子孫の側が、自分自身の心を正すことが大事。

Column

自《みずか》らの死を認めない元・左翼《さよく》政治家の霊

霊としてやってきたのに「あの世はない」と言う

A――　「自分が亡《な》くなったことが、まだ分からない」ということは、まず、一つの問題ですね。

土井たか子　いや、そんなのねえ、そーんなのねえ、「死んで、あの世がある」と思って

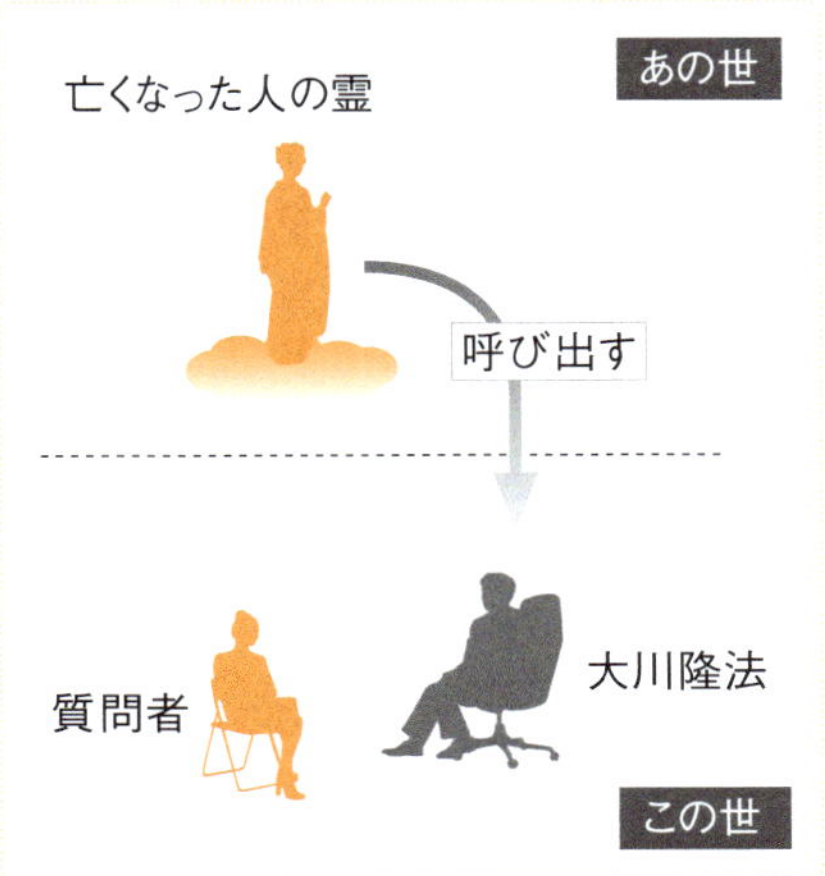

る人なんて、半分もいないでしょう。

A――　いや、「あるか、ないか」は、もう、どちらかなんですよ。

土井たか子　うーん。今のところ、「ない」と言わざるをえないよね。

A――　いや、「ある」から、あなたは、今、ここにいるんですよ。

土井たか子　いや、だから、「私がいる」ということは、「あの世はない」ということだよ。

『元社会党委員長・
土井たか子の霊言』
（幸福の科学出版刊）

A――　ただ、今のまま生きていると思っていると、ずっと、そのあたりを徘徊《はいかい》しなければいけなくなるのですが。

土井たか子　あなた、死んだら、意識はなくなるじゃないですか。

「私は存在しているから、生きている」と言い続ける

土井たか子　とにかく、私はまだ存在してるんですよ。だから、亡くなったことにしないでください。存在はしてるんですから。

A――　存在していますよ。ただ、このあと、もう少したつと、おそらく、誰《だれ》かが導いてくれると思うのです。説得しに来る可能性もありますので。

土井たか子　「三権の長《ちょう》」をやってた私を導くって、どういうことですか。

A――　いや、ですから、あの世の世界には、もっと偉《えら》い方がいますので。

土井たか子　だから、「まだ生きてる」って言ってるのに、なんで……。

B――　最近でいいのですが、病室におられて、なかなか話がうまく通じないような状態はありましたか。

土井たか子　そらもう、いつもそうだわ。

B――　いつも？

土井たか子　通じない。君、今日は滑《なめ》らかに声が出て話がよくできるから、よく私の声が聞こえるねえ。なんか、私の声が聞き取れない人が多くて。なんかみんな〝難聴《なんちょう》〟の人が増えて……。

A――　病院の先生なども聞いてくれないわけでしょう？

土井たか子　喉《のど》がねえ、やっぱりねえ。街宣《がいせん》とか長くやると喉が傷《いた》んで声が潰《つぶ》れてくるからねえ、だんだんねえ。

B――　今後もそれがずっと続きます。今、生きている人は、あなたの声が聞こえないんですよね。

土井たか子　そりゃあ、おかしいじゃないの。それは、「死後の世界」とは言えないでしょう？

第3章

正しい供養《くよう》で故人も遺族も幸福になる

1 天国に還《かえ》った人への供養《くよう》のあり方

「感謝」の気持ちが故人の「徳」になる

先祖供養《くよう》と言っても、天国に還《かえ》った人と地獄《じごく》に堕《お》ちた人とに大きく分かれます。

天国に還った場合は、「この世の修行《しゅぎょう》を見事に完成して、卒業した」ということになります。死というものは、いわば、この世の卒業式であり、あの世へ行くことは入学式なのです。

したがって、本当は、死はおめでたいことであり、遺《のこ》された人たちは、天国に還った人に対して、「見事に修行を終えられ、おめでとうございます」と言うべきなのです。

そして、「私たち子孫《しそん》は、先祖のみなさんを誇《ほこ》りにしております。みなさんを手本にして、これからも努力・精進《しょうじん》してまいりますので、どうか、私たちをご指導ください。また、みなさんのご恩や徳に報《むく》いるため、毎年、お彼岸《ひがん》やお盆《ぼん》の季節には、みなさんに感謝をさせていただきたいと思います。この気持ちを、どうか、お受け取りください」と言えばよいのです。

肉体を頂いたことをはじめ、先祖からは、いろいろな恩を受けているでしょうから、毎年、一回か二回は、きちんと感謝することが大事です。毎日する必要はありませんが、年に一、二回は、思い出して感謝してあげると、天国に還った先祖もうれしいものなのです。

子孫から「ありがとうございます」と感謝されるということは、先祖に徳があったことを意味します。あの世で、周りの友人たちから、「あなたは子孫から非常に慕《した》われていますね。生前、ずいぶん徳があったのでしょう」と言われるので、あの世の人にとっても、やはり、うれしいのです。

また、友人や知人が亡《な》くなった場合も、地上の人が思い出してあげると、彼らは、うれしいものなのです。反対に、誰《だれ》からも供養してもらえないということは、遺族や子孫に見捨てられたか、生前、多くの人から嫌《きら》われていたことになります。

遺された人たちが進んで供養をしてくれるということは、その人に何らかの徳があ

ったということなのです。

要するに、天国に還った人に対しては、地上の人間が救済する必要はないので、あの世での活躍《かつやく》を祈《いの》るとともに、「私たちに対して、ときどきはご指導ください」と祈ればよいのです。

両親から与《あた》えられたことは山のようにある

両親から与《あた》えられたことは、ゼロ歳《さい》のときから、ずらりと出てきます。親は、ミルクをくれたり、おむつを当ててくれたり、泣けば飛んできてくれたり、寝《ね》かしつけてくれたり、うんちやおしっこをしたら、おむつを替《か》えてくれたりしたでしょう。それから、自分は、わがままを言ったり、夜泣きをしたりし、幼稚園《ようちえん》時代には、いろいろと怪我《けが》をしたり、病気をしたり、トラブルを起こしたりということがあり、さらに、小学校以降も、そういうことがずっとあったでしょう。

そのように、両親にしてもらったことを思い出してみると、山のように出てきます。

次に、自分がしてあげたことを思い出してみましょう。

ゼロ歳のときにしてあげたことは、何かあるでしょうか。「おしっこをしてあげた」とか、「うんちをしてあげた」とか、「親におむつを替えさせてあげた」とか、「お風呂《ふろ》に入れさせてあげた」とか、そういう言い方もあるかもしれませんが、自分がしてあげたこととなると、なかなか出てこないものです。

一歳のときでも出てきませんし、二歳、三歳のときを考えてみても、ほとんど出てこないだろうと思います。

あったとしても、せいぜい、「よかった」と喜んでくれたことぐらいです。「赤ちゃんが生まれてよかった」とか、「かわいい」とか、「一歳で立てるようになった」とか、「言葉を言えた」とか、そういうことで喜んでくれたことはあるかもしれません。

しかし、自分がしてあげたことは何も出てこないのです。思い出しても思い出しても、本当に出てこないものです。

小学生ぐらいになってからのことを考えると、「何か小さな親切をした」という程度のことが、ちらちら出てくるのですが、してもらったことは山のようにあるのに対して、してあげたことはほとんどありません。

中学時代、高校時代でも、本当に、数えるほどしかないのです。

親とは、身を削《けず》ってでも子供に与《あた》えてくれるもの

父が若かったころのことを振《ふ》り返ると、私が小学校低学年のころのこと

を思い出します。

郷里の徳島県にある阿波川島駅《あわかわしま》を出て、今、幸福の科学の聖地・川島特別支部がある通りの突《つ》き当たりを右に曲がった所に、かつて、「川島温泉」という名の銭湯《せんとう》があり、煙突《えんとつ》が立っていました。小学校低学年のころ、私は、父親と一緒《いっしょ》に洗面器を持って、そこへ行っていたのです。

そのときに、まず父が私の背中を流してくれて、今度は私のほうが父の背中を流すというように、ほほえましい風景ではあるでしょうけれども、親子で交互《こうご》に背中を流していました。

その父は、ちょうど私が生まれるころ、事業の失敗をしていました。会社を起こして社長になったものの、三年で倒産《とうさん》したため、その後、二十年ぐらい借金を背負いながら、いろいろなところへ勤めに出たりして働いていたわけです。

そのように、人生の途中《とちゅう》で挫折《ざせつ》した方ではあったのですが、父の背中には、日本刀で袈裟懸《けさが》けに斬《き》られたような斜《なな》めに切った傷痕《きずあと》がありました。手術で背中を切って縫合《ほうごう》したときの痕が残っていたのです。

昔、栄養失調になる人が多かった時代には結核《けっかく》が流行《はや》っており、当時、父も結核になりました。ただ、父の場合は、栄養失調というよりも、仕事での心労等もあったと思われます。

昔の手術は荒《あら》っぽかったのだろうと思いますが、結核の手術をしたときに肋骨《ろっこつ》を三本ぐらい切ったそうです。父の肩《かた》から背中にかけて大きく切った痕があったのです。お風呂屋へ行くと大勢の人に見られるので、「本当は恥《は》ずかしいんだろうなあ」と、刀で斬られたような背中を流しながら、小さい私は思っていました。

本当は死んでもしかたがないぐらいの大病だったにもかかわらず、生き延びてくれたおかげで、私も学校を何とか無事に卒業でき、東京まで行かせてもらえました。

そのことを、あとで思い返してみると、紙一重《かみひとえ》のところで父親が生き延びてくれたことへの感謝というものが湧《わ》いてきます。そのようなことを考えると、非常に胸にジーンとくるものがあるのです。

また、兄と私が学生だった時代には、現金書留《かきとめ》でお金を送ってくれていました。

当時、父の給料の額面は十四万円ぐらいだったように記憶《きおく》しているのですけれども、私と兄に、現金で五万円ずつ、計十万円を送ってくれていたので、両親の手取りはおそらく二万円ぐらいしかなかったのではないかと思います。「家ではどうやって食べているんだろうね」という話を、兄としたのを覚えています。一万円や二万円で生活できるわけがありませんので、「何をして食べているんだろう。毎日、漬物《つけもの》でも食べているんだろうか」などと話していたのです。このように、親というのは、身を削《けず》ってでもやってくれるものなのです。

当時を振り返ると、「ああ、そういうことを感じながら勉強をしていたんだなあ」と感じるものがありました。

2 地獄《じごく》に行く人たちの見分け方

その人に分かるかたちで真理を伝える

一方、先祖供養《くよう》で大変なのは、地獄《じごく》に堕《お》ちた人の場合です。

やはり、先祖供養は、しっかりと真理を勉強した上で行《おこな》っていただきたいのです。

死んだ人が霊界《れいかい》についての知識をまったく持っていないと、その人は、私の説法《せっぽう》を聴《き》いても、自分の波動《はどう》と合わないことが分かるだけで、法話《ほうわ》の内容を、すんなりとは理解できません。生きている人たちのなかにも、私の説法を聴いて理解できない人がいますが、死んだ人でも、そういう人がいるのです。

したがって、先祖供養の際には、子孫《しそん》が、亡《な》くなった人のレベルに合わせて、私の説いている教えの一部を噛《か》み砕《くだ》き、その人に分かるようなかたちで伝えてあげることが大事です。

墓参《はかまい》りをしたり、線香《せんこう》を上げたり、仏飯《ぶっぱん》を供《そな》えたりしても結構ですが、そのときに、その人の生前の生き方で、「この人の間違《まちが》っているところは、たぶん、ここだろう」と思える点について、その人に必要な真理を、口に出してもよいし、心のなかで言ってもよいので、噛み砕いて話してあげることです。

天上界《てんじょうかい》に上がるには信仰《しんこう》が必要

では、地獄に堕ちる人には、生前、どのような間違いがあったのでしょうか。

まず、地獄界は、基本的に信仰心《しんこうしん》がない人たちの世界です。そこには、神も仏も信じていない人たちや、生前、宗教心があるように装《よそお》っていたけれども、実は偽善者《ぎぜんしゃ》で、本当は信じていなかった人たちがいます。「日曜日ごとに教会へ行っていたけれども、本当は全然信じていなかった。建前《たてまえ》や体面のためだけに教会へ行っていた」というような人たちも地獄界に行っています。

天上界《てんじょうかい》に上がるには、まず信仰が必要です。信仰とは仏や神を信じる心です。とりあえず、「人間は霊的存在である。霊界こそが、本当の世界であり、地上は仮の世界である」ということを信じなければ、天国に入れません。まず、この信仰の原始的形態がなければ、天国に入れないのです。

地獄《じごく》の霊《れい》は人を責める思いが強い

私は過去に、何百何千という数の地獄霊《じごくれい》を見てきましたが、地獄霊に共通する特徴《とくちょう》として、最初に思い浮《う》かぶのは、人を責める思いが極《きわ》めて強いということです。

人を責める思いをさらに分解してみると、まず、恨《うら》みの念が強いということがあります。恨みに思う心、あるいは被害妄想《ひがいもうそう》的な感覚が極めて強いのです。つまり、「自分が今、幸福でないのは、他人に害されたからだ」という考え方です。

そして、その人が念の強いタイプの場合は、他人に害されたという思いが、積極的に他人を恨んだり攻撃《こうげき》したりする気持ちになり、一方、念の弱いタイプの場合は、自己卑下《ひげ》的な方向に行くことになります。いずれにしても、他人のせいにする傾向《けいこう》が極めて強いのです。

自分の心のなかを見たとき、奪《うば》う愛の側に立っていて、他人を責める気持ちが非常に強かったならば、地獄に行く可能性がかなり高いと思わなければなりません。自分が地獄に行くかどうかは、他人から指摘《してき》されるまでもなく、自分自身の心に問うてみれば分かることなのです。

人を責める思いが非常に強く、一日の間に去来する思いのなかで、そうした気持ちが占《し》める時間がかなり長いようならば、その心は地獄に通じている可能性が高いのです。

「しつこい性格」の人は、死後に幽霊《ゆうれい》になりやすい

それから、他人の言葉を非常にストレートに受け止める傾向のある人がいるように思います。

人から厳しいことを言われたりすると、それをストレートに受け止め、長く抱《だ》き続けてしまい、「えっ？ まだ、そのことを考えていたの？」というようなことがあります。言ったほうは、そのときの気持ちを率直《そっちょく》に述べただけであって、翌日にはすっかり忘れているのに、言われたほうは何年も考え続けているわけです。

それは、まじめな性格と言うべきなのかもしれませんが、しつこいと言えば、しつこい性格です。そのしつこさは、死後に幽霊《ゆうれい》になりやすい性格でもあるので、気をつけたほうがよいでしょう。幽霊にならないためには、

さっぱりした性格が求められるのです。さっぱりした性格の幽霊は、あまりいません。

幽霊になるタイプの人は、みな、しつこくて、同じことを何年も言い続けるような、執着《しゅうちゃく》、執念を持っています。何かに対して、強い執着、執念を持っていたり、〝不成仏《ふじょうぶつ》〟の思いを忘れられなかったりするのが、「幽霊の原則」なので、なるべく、カラッとして、さばさばした性格をつくっていくことが、「幽霊にならないための条件」なのです。

「諸行無常《しょぎょうむじょう》」「諸法無我《しょほうむが》」「涅槃寂静《ねはんじゃくじょう》」の教えの大切さ

そういう意味では、仏陀《ぶっだ》の説く「諸行無常《しょぎょうむじょう》」「諸法無我《しょほうむが》」「涅槃寂静《ねはんじゃくじょう》」の教えは、やはり、正しいのです。

「諸行無常」とは、「世の中というのは、変転していくものなのだ」とい

うことであり、「諸法無我」とは、「この世には、実体のあるものはない。この世において、目に見え、触《ふ》れるようなものは、みな、すべて消え去っていくものであるから、そういうものにとらわれてはならない。そうではなく、普遍《ふへん》的なもののほうに、心を向けていかなければならない」ということです。

それから、「涅槃寂静」というのは、悟《さと》りの世界です。「あの世の悟りの世界は、寂静の世界、すなわち、非常に澄《す》み切った静かなところであり、汚《けが》れのない波動《はどう》の世界である」ということです。

死後、幽霊にならないためには、こうした教えが大切なのです。

地獄《じごく》に行く人の特徴《とくちょう》である「心の三毒」

先祖が地獄《じごく》に堕ちた原因を教えてあげられるためには、供養している人自身が、それを知っていなければいけません。要するに、自分もまた地獄に堕ちないように、よく点検できている人間でないといけないわけです。

では、ほかに何を点検するか。それは、「貪《とん》・瞋《じん》・癡《ち》」の心の三毒です。

①貪《むさぼ》りの心

「貪《とん》」というのは、貪欲、貪《むさぼ》りの心です。当会の伝統的な言葉で言えば「奪う愛」に生きた人です。この奪う愛、貪りの心で生きた方は、ほとんど地獄に行くわけです。

この「貪」の特徴《とくちょう》は、自分ではよく分からないということです。しかし、他人が見れば、ものすごくよく分かるのです。「あの人は欲の深い人だね。強欲《ごうよく》な人だね。人の気持ちが全然分からない人だね」「いつも取っていくことばかりする。いつも奪っていくことばかり考えている」というのは、本人は知らないことがけっこう多いのですが、他人が見れば、十人中ほとんど八、九人は「そのとおり」と言うのです。自分を正しく見るというのは、それほど難しいことなのです。

この欲の深さをなくすためには、やはり「足ることを知る心」が非常に大事です。それから「布施《ふせ》の心」も大事です。宗教では布施ということをよく言います。布施というのは差し出すことですが、差し出すことによって執着が取れていくのです。

②　怒《いか》りの心

それから、「瞋《じん》」というのは怒《いか》りです。カーッとくる心がありますけれども、これなども、たいていの場合、不平不満なのです。自分の思いどおりにならない不平不満からカーッとくるのです。ですから、おじいさん、おばあさん、お父さん、お母さんのことを思い出してみて、「あの人は短気な人だったね。よくカーッと怒《おこ》っては周りに当たり散らしていたね」というようなことがあれば、それが原因で地獄に行っていることが多いわけです。

ですから、「自分が見たところでは、あの人はよく怒る人だったな」「あ

の人は、よく怒るという噂《うわさ》を、他人から聞いたな」などという人については、「地獄に堕ちているとしたら、たぶんそれが理由だろうな」ということが分かりますから、穏《おだ》やかな心で生きることがどれほど大事であるかを、地上の人が教えてあげる必要があります。

「カーッと短気を起こしてはいけないのですよ。他の人もみんな仏の子なのですよ。人間はみな仏の子なのですよ。調和して生きることが大事なのですよ。そして、みんなが調和して生きるからこそ、幸福になれるのですよ。自分の思いどおりにいくかいかないか、ということばかりを考えていてはいけません。それでは、他の人の迷惑《めいわく》をまったく考えていませんね。そういう短気の心はいけないのですよ」ということを教えてあげる必要があります。

③ 愚《おろ》かな心

それから、「癡《ち》」というのは愚《おろ》かさということです。この愚かさは、必ずしも頭が悪いという意味ではありません。この世的には頭がよくても、この「癡」になる方はいっぱいいます。どういうことかというと、要するに「仏法真理《ぶっぽうしんり》を知らない」ということなのです。仏法真理を知らない人は愚かに見えるのです。仏法真理を知っている人から見たら、まったく別方向のこと、無駄《むだ》な努力をしていて、自分の首を絞《し》めるようなことを一生懸命《いっしょうけんめい》やっているのですが、この世的には頭のいい人であることがけっこう多いのです。

この「癡」というのは、要するに仏法真理に疎《うと》いことです。愚かなことというのは、仏法真理に疎いことなのです。

現代の唯物論《ゆいぶつろん》的な学問が持つ危険性

ある程度、悟りの機縁《きえん》がある、宗教的な人の場合は、わりに早く説得が始まり、あの世での導きはスーッとスムーズに行くのですが、この世で宗教をまったく信じていなかったような人の場合は難しいと言えます。

ヤクザなどではなく、理科の先生などで唯物論《ゆいぶつろん》的な人の場合でも、説得するのは、なかなか難しいのです。

あの世へ行っても、きちんと植物もあり、花も咲《さ》いているし、川を見ると、魚だって泳いでいます。そのため、彼らは、「ここは、あの世ではない」と言い張ります。「これは、この世だ」と言い張って、どうしようもないのです。そういう人を説得するのは、また難しいわけです。

彼らは、別に、行動において悪人だったわけではなく、現代の学問が劣《おと》っているために理解ができないだけなのです。現代の学問を何十年も勉強したため、頭でっかちになっていて、それを捨ててくれたらよいのですが、捨てるに捨てられないのです。

「俺《おれ》は理科の先生を三十年やった」「俺は大学で研究をしていたのだ」などというようなことを言っていて、お坊《ぼう》さんが行って話をしても、なかなか聞いてくれません。彼らは、「何を言っているのだ。おまえは宗教学科だろう。こちらは物理学科だ。こちらのほうが頭がよいのだ。お坊さんなどに説得されてたまるか」などと言い張っています。「こちらのほうが、時代の最先端《さいせんたん》で優《すぐ》れているのだ」と言うわけです。

それから、脳外科《げか》の医者で、頭蓋骨《ずがいこつ》をたくさん並べ、「こんなものは何でもありません。物しかないのですから。死んだら終わりなのですから」などと言っている人もいます。「頭蓋骨と一緒《いっしょ》に寝《ね》ても、へっちゃら」というような脳外科医は、たくさんいるのです。毎日、頭蓋骨を見たり、脳をホルマリン漬《づ》けにしたりして、「何も感じないですよ。どうということもないですよ」などと言って喜んでいる人たちです。

このような人たちも、説得するのは、かなり難しいのです。

このように、個人的に何を信じていたかによって、救われたり救われなかったりするので、宗教を信じていなかった人たち、あるいは、物理系統の電気実験ばかりをやったりしていたような人たちは、なかなか、救うのが難しいのです。

そういう人たちには、今、彼らがいるような現代風の地獄で、しばらく勉強してもらわないと、どうにもならないのです。

3 子孫《しそん》が真理を学ぶことが最大の供養《くよう》になる

反省さえすれば天国に還《かえ》れる

来世《らいせ》では、反省さえきちんとすれば、みな天国に還《かえ》れます。自分自身の心の針の方向を変えて、思いを入れ替《か》えれば天国に還れるのです。しかし、亡《な》くなったご先祖には、そういうことが分からないので、生きている子孫《しそん》のほうが実践《じっせん》してみせるのです。

先祖はいつも家族のほうを見ているので、子孫が実践してみせると、「ああ、こういうふうにするのだな。ああいう考え方をするのだな。人に愛を与《あた》え、それを手柄《てがら》にしない。人に優《やさ》しく生きていく。そういう生き方を私の子孫はしているようだ。なるほど、自分はそういう生き方をしなかったな。これが間違《まちが》いなのだな」と気づいていただけます。

廻向《えこう》によって先祖の苦しみを和《やわ》らげる

仏教で言うところの廻向《えこう》というのは、要するに、自分の持っている光を他の方に手向《たむ》ける、自分の持っている愛情を他の方に手向ける、あるいは自分の持っている徳を他の方に廻《まわ》してあげることを言うのです。

原則はもちろん本人が悪いわけですけれども、そうした他力《たりき》によって多少なりとも力を貸して

あげられることも、実際はありうることなのです。

仏法真理《ぶっぽうしんり》の学習をして、日々、精進《しょうじん》していると、みなさんの心のなかに光の蓄積《ちくせき》ができてきます。〝蔵〟ができてきて、その蔵のなかに「富」ができてくるのです。この蔵のなかの「富」、すなわち「光の部分」は、みなさんがこの世でつくった「徳」と言ってもいいでしょう。

精進することによって、日々、徳をつくっているわけなのですが、この徳を先祖に手向《たむ》けることができるのです。それは、みなさんが貯金をしてお金を持っていたら、困っている人に寄付してあげたり、助けてあげたりできるのと同じです。みなさんの徳という、目に見えない精神的なるものがあるからこそ、「廻向」といって、これを手向けることができるのです。〝廻してあげる〟ことができるのです。

こうすると、溺《おぼ》れかかっている人に、ちょうど浮《う》き輪が廻ってくるような感じになります。あくまでも自分でそこから出なければいけないのですけれども、その苦しみを和《やわ》らげてあげることができるのです。

子孫《しそん》の悟《さと》りが先祖を「成仏《じょうぶつ》」に導く

要するに、不成仏霊《ふじょうぶつれい》を成仏させることができるのは、いわゆる「法力《ほうりき》」を持っている人なのです。

例えば、私であれば、不成仏霊を成仏させることが可能です。まず、こんこんと諭《さと》して、不成仏霊に自分の間違いを納得《なっとく》させ、そのあと、天上界《てんじょうかい》の支援霊《しえんれい》たちに命じて、その不成仏霊を修行《しゅぎょう》所に送ります。そして、本人が一定期間そこで反省すると、成仏する（天国へ還る）のです。

普通《ふつう》の人は霊能者的な法力を持っていないでしょうが、真理を学ぶことによって、ある程度、「悟《さと》りの力」、「念《おも》いの力」がついてきます。そうした人が経文《きょうもん》を読むと、その思いが、亡くなった人に伝わっていくのです。

個人で行う供養《くよう》は、手間もかかり、効率もそれほどよくはありませんが、地上の人は、自分自身の修行を兼《か》ねて、自分の徳をあの世の霊に廻向することが可能です。

あの世は思いの世界であり、地上の人が考えていることは、あの世の霊にも伝わります。

地上の人が、亡くなった人に対し、「あなたはこうした点が間違っていたのです。それを反省しましょう。私自身も努力して生き方を変えていきますから、あなたも修行しましょう」と念じて、五年、十年と修行を続けていくと、あの世の霊も次第《しだい》に浄化《じょうか》され、救われるのです。

Column

コラム

〝葬儀《そうぎ》サービス〟の落とし穴

〝お坊《ぼう》さんの宅配便〟はお寺を死滅《しめつ》させる

最近では、コンピュータによる商品配送センターをやっているようなところが、〝お坊《ぼう》さんの宅配便〟を始めました。「値段」から、「行く場所」から、「誰《だれ》を送るか」まで決めてもらい、それに乗っかって〝宅配〟されるようなお坊さんもいて、三万円や三万五千円ぐらいで行ったりしているようです。また、「それに心がこもっていないわけではない」と言ってはいますが、お寺型仏教が死滅《しめつ》していくであろうことは、よく分かります。

やはり、宗教には配送業者とは違《ちが》うところがあるのです。そういうものではありません。もし、宅配でよければ、次には、「実際に人が行ってお経《きょう》を読まずに、CD盤《ばん》を送って、それをかけて終わり」ということになるかもしれないでしょう。

「便利さ」の陰《かげ》で失われている「根本的な何か」

そうしたものについて、いろいろなところが格安でサービスしてくれるのも結構ではありますが、それで完成していると思えるのであれば、その中心にある極《きわ》めて大事な「精神的な要素」が抜《ぬ》けているのではないでしょうか。

つまり、お寺そのものから、もはや精神的な要素が抜けており、「死体安置業」や「埋葬業《まいそうぎょう》」、あるいは「遺骨管理業」のようになってしまっているため、それに甘《あま》んじているのでしょう。やはり、唯物論《ゆいぶつろん》に流されてしまったら、仏教までもそうなってしまうのは当然のことです。

それであれば、ほかの業者でもできないことはないでしょうし、安くすることもできるでしょう。すでに、ペットの葬儀《そうぎ》と変わらないぐらいの値段にだんだん近づいてきつつあるので、少々怖《こわ》いものがあります。さらにもっと安くしようとするならば、例えば、灰にして川に流すなり海に流すなり、あるいは、「樹木葬」などと称《しょう》して山林で撒《ま》いたりすれば、それで済んでしまいます。

ただ、「根本的なものが何か抜けていませんか」ということを感じるわけです。ここについては、私たちが今、粘《ねば》っているところです。やはり、「世間《せけん》の常識」というものを、そっくりとそのまま受け入れてはいけないのです。

その世間の常識なるものも、流れとしては、先ほど述べたように、「利用が簡便で低廉《ていれん》」、つまり、「安くなっていくサービス」「便利になっていくサービス」の方向に、すべてが流れてきているようですが、そのなかの重要な部分を失っているのではないかという気がしてしかたがありません。

その内容的な重要さを分からないままに、単にディスカウントをしていけばすべてがよくなるように思うのは、やはり、大きな間違いだと思うのです。

4 正しい供養《くよう》の心構えと方法

『仏説《ぶっせつ》・正心法語《しょうしんほうご》』を使った先祖供養

個人で月に一回ぐらい故人を供養《くよう》する場合には、「真理の言葉『正心法語《しょうしんほうご》』」という経文《きょうもん》を唱《とな》える方法があります。これを唱えてあげますと、非常によく効きます。

この経文は、幸福の科学の三帰誓願者《さんきせいがんしゃ》（仏《ぶっ》・法《ぽう》・僧《そう》の三宝《さんぽう》に帰依《きえ》することを誓った者）にのみ授与《じゅよ》されている『仏説《ぶっせつ》・正心法語』、あるいは、『入会版「正心法語」』という経典《きょうてん》のなかの経文の一つですが、例えば、今、

『仏説・正心法語』
（宗教法人幸福の科学刊）

尊いお経と言われている「般若心経《はんにゃしんぎょう》」や「法華経《ほけきょう》」の一万倍ぐらいの力があります。

なぜかと言いますと、「般若心経」や「法華経」は、釈迦《しゃか》の弟子《でし》が書いたものです。それもストレートにではなく、何百年も時代を下《くだ》ってから編《へん》纂《さん》され、さらに中国語に翻訳《ほんやく》されたものです。そして「般若心経」などは漢語で読むかもしれませんが、「法華経」などは書き下《くだ》しで、日本語で読んだりしています。かなり力としては落ちています。

けれども、『仏説・正心法語』という経典は、九次元霊界《れいかい》、最高霊界のなかの仏陀《ぶっだ》意識からストレートに降りているものです。ゆえに、地上にはこれ以上の経文はないのです。過去もなく、今もないのです。ですから、これは実際に一万倍ぐらい効くと思ってください。「般若心経」を一万回唱えるのと、「正心法語」を一回唱えるのとは同じぐらいです。そのくらいの力なのです。それだけの力を持っています。信者はそういう経文を使うことが可能です。

また、三帰誓願者には『祈《き》願文《がんもん》①』『祈願文②』という経典も与《あた》えられます。

この『祈願文①』のなかに、「仏説・願文《がんもん》『先祖供養経』」と、「仏説・願文『愛児《あいじ》・水子《みずこ》供養経』」という、仏陀意識からストレートに降りている経文があります。この経文を上げていきますと、上げている人自身が反省ができて、正しい心の波動《はどう》になるようになっています。あの世の人を供養するだけでなく、生きている人間自身が、正しき心を探究できるような経文になっていますから、両方に通用する経文です。

このように、『仏説・正心法語』と『祈願文①』を使うのが基本的なやり方です。

『祈願文①』
（宗教法人幸福の科学刊）

分かりやすいお経《きょう》のほうが救済力がある

同じく『祈願文①』にある「仏説・願文『先祖供養経《きょう》』」は、現代語で非常に分かりやすく書いてあります。

通常、先祖供養をするときには、お寺のお坊《ぼう》さんが来て、「法華経」や「般若経」などのお経を上げるわけですが、そういう漢文のお経は、残念ながら、たいていの霊には言葉の意味がよく分かりません。

お経の漢字は、呉音《ごおん》という独特の読み方をする上、お坊さんは、それに抑揚《よくよう》をつけて読むので、普通《ふつう》の人には言葉の意味が分かりません。そして、生きているときに聞いて分からないものは、死んでも、やはり分からないのです。

そのため、「漢文のお経による供養だけでは、死んだ人が成仏《じょうぶつ》することはまずない」と考えてよいでしょう。

もっとも、僧侶《そうりょ》のなかには、修行《しゅぎょう》を積むうちに、ある程度の悟《さと》りを得て、あの世のことを多少は知っている人もいます。そういう人がお経を上げた場合には、その人の、「成仏してほしい。迷わず彼岸《ひがん》に渡《わた》ってほしい」という思い自体が伝わることはあるので、お経を上げることに、まったく効果がないわけではありません。

ただ、お経そのものが効《き》くわけではないのです。難しい言葉で供養されても、死んだ人には、言葉の意味が、まったく分からないのです。

しかし、当会の「仏説・願文『先祖供養経』」のように、非常に分かりやすい経文であれば、みなさんがそれを聞いて理解できるのと同じく、亡《な》くなった人でも理解できるのです。子供にも分かるような言葉であれば、亡くなって迷っている人でも、ある程度は分かります。分かりやすい言葉で書かれていることで、かえって救済力が増すわけです。

故人と子孫《しそん》を同時に救う「仏説《ぶっせつ》・願文《がんもん》『先祖供養経《くようきょう》』」

「仏説《ぶっせつ》・願文《がんもん》『先祖供養経《くようきょう》』」の特徴《とくちょう》は、あの世の人を諭《さと》していながら、同時に、この世の人にも、「自分もそうならないようにしなさい」という戒《いまし》めと教えを用意していることです。

あの世の霊人《れいじん》に帰依させて、●四正道《よんしょうどう》を教えながら、同時に、この経文を読んでいる人自身をも、「自《みずか》らを振《ふ》り返って、悪い所に行くことがないように」と戒めているのです。

したがって、これは、あの世とこの世が同時に救われる方法論なのです。

この経文は、地獄《じごく》に堕《お》ちた人を念頭に置いているので、分かりやすく教えを説いています。

●四正道　幸福の科学の基本教義である「愛・知・反省・発展」の教え。

ただ、先祖のなかには、地獄に行っている人もいれば、天国に還ってい る人もいます。

仏ならぬ身では、先祖が天国に還ったか地獄に堕ちたか分からないことも多いので、「地獄に堕ちていれば、お経を上げる必要があるが、天国に還っているならば、お経は要《い》らない」と思うと、どうしてよいのか分からなくなります。

しかし、「仏陀に帰依させて、四正道を勧《すす》める」ということであれば、天国に還った先祖に対してであっても非常に尊いことです。先祖は、生前には、おそらく幸福の科学の教えにほとんど触《ふ》れていないでしょうから、四正道を説いてもらうことによって、あの世での修行がさらに進みます。それは先祖の霊格《れいかく》向上の原理になるのです。

迷っている子供の霊《れい》を供養《くよう》するときの心構え

『祈願文①』のなかの「仏説・願文『愛児《あいじ》・水子《みずこ》供養経』」は、四正道を説いても少し難しいと思われる、小さい子供が対象です。例えば、人工流産や死産による水子、あるいは、生まれてまもなく亡くなった子供、まだ物心がつく前に亡くなった子供です。

さあ　見《み》よ
ここに　大仏《だいぶつ》が
そなたら　助《たす》けに　現《あら》われた
光《ひかり》の　御手《みて》に　誘《いざな》われ
光《ひかり》の　国《くに》に　帰《かえ》るがよい

子供は理由がまったく分からないので、どうしようもないのです。たいていい、父母のいるあたりでうろうろしています。

そこで、この「仏説・願文『愛児・水子供養経』」で供養をすると、霊界《れいかい》にエル・カンターレの光が現象化してきて、彼らには、金色《きんいろ》に光る大仏が救いに来てくれて、手を差し伸《の》べているように見えるのです。

これは非常に分かりやすい説き方

です。「救いが来るから、その御手に誘われて、光の国に帰りなさい」と言っているのです。

父母《ちちはは》を
決《けっ》して　うらんで
泣《な》くでない
もう　過《す》ぎたこと　こだわるな
これからは
そちらの世界《せかい》で　幸福《こうふく》に
楽《たの》しく　明《あか》るく　遊《あそ》ぶがよい

ここで、「うらんで泣く」というのは、例えば人工流産に対してです。

人工流産はよくないことなので、勧められないのですが、そのままでは母親が死ぬという場合や、犯罪行為《こうい》による妊娠《にんしん》などの場合で、やむなく流産する人もいるかと思います。

ただ、正常な夫婦《ふうふ》の営《いとな》みでできた子供は、縁《えん》のある子供なので、人工流産は絶対にすべきではありません。

父母をうらむ気持ちがあると、どうしても成仏できません。天上界《てんじょうかい》へ上がれないのです。家のなかのどこかでじっとしていて、父母をうらんでいたりすると、これも一種の執着《しゅうちゃく》なので、よくないのです。そのうらみ心を解かないと、天国に上がれません。

「父母が悪い」と責めるのは、正論でもあり、正当でもあるのですが、ただ、そのうらみ心を持っていては自分自身も救われないので、それを解かなければいけないのです。

「あなたが死んだのは、もう何年も前のことです。いつまでもそれにこだわっていては、これからのあなたの魂修行《たましい》がありませんよ。

そちらの世界こそが、本当の世界ですよ。『この世に生まれたかった』『この世でもっと生きたかった』という気持ちはあるでしょうが、この世は仮の世界なのですよ。この世では、長く生きても数十年です。あの世の世界こそが、本当の世界なのですから、そちらで幸福に生きなければいけないのですよ。

この世に対する執着やこだわり、『生まれたかった』『もっと生きたかった』という気持ちを解いて、あの世で幸福に暮らしていれば、チャンスがあったときに、また人間界に生まれてくることもできます。

人間界よりも、あの世の世界のほうが、本当は幸福なはずです。父母をうらむ気持ちや、この世に執着する気持ち、『この世に人間として出たかった』『生きたかった』という気持ちを持っていては、幸福になりませんよ。そちらのほうが幸福な世界なのですから、そちらで幸福になる方法を考えなさい」

このようなことを教えているのです。

子供たちは、「自分は死んで、こんなに迷っているのに、親は何もしてくれない。忘れている」と思っているので、親が、「そんなことはないのだよ。あなたの幸福を願って、私たちも、仏の教えに帰依し、精進《しょうじん》しているのだよ」というところを見せると、子供も、「うれしいな」と思って、ほっとするのです。

「自分のために、お父さんやお母さんも、仏陀に帰依して、修行をして、人助けをしてくれているのだな」と思うと、子供も、「うれしいな」と喜びます。

そして、「人助けをして、天国でまた会える日を楽しみにしているのだよ。また、そちらで会えるよ。こちらでも、あなたのことを思ってきちんと修行し、精進しているから、還ったときに、また天国で会おうね」というような話をすると、亡くなった子供も非常に喜ぶのです。

あの世でも「子育ての仕事」がある

なかには、小さな子供で亡くなったりして、親より先に死ぬ人もいて、「なぜ、こんな、ひどいこと、むごいことがあるのか」というようなこともあります。

しかし、いろいろな経験をし、いろいろな感じ方や生活の仕方をしている人を、一定の人数、この世から霊界に供給する必要があるのです。そのため、赤ちゃんで亡くなる人や幼児で亡くなる人もいるわけです。

そういう人は、当初は、その死んだときの姿で、あの世に移行します。

それに対して、あの世でも、「赤ちゃんのお世話をする」「幼児を育てる」「小学生を養育し、教育する」など、そういう魂修行をしている人たちがいます。その人たちのために、新しい魂が提供される必要もあるのです。

あの世に還っても、この世での子育てのところで何か後悔《こうかい》が残っているような人などは、魂の子育ての練習をし、この世でやり残した部分を修行することもあります。また、あの世へ行っても、子供が好きな人、子供を育てたり、子供と遊んでやったり、子供を指導したりするのが好きな人もたくさんいます。そういう人用に、やはり、子供の魂の供給《きょうきゅう》も要るのです。

もちろん、死んで、あの世に還ったら、年齢《ねんれい》は自由自在に変わるのですが、それは、あの世での霊的な存在の意味について悟った人の場合であって、普通は、やはり、死んでしばらくの間、一年なり三年なりの間は、死んだころの姿をしていることが多いのです。

そのように、あの世で子育てをしている人もいます。他人の子供を養育している人もいるし、学校の先生のように教えている人もいます。いろいろな年齢の人の来ることが、あの世にとっては、ありがたいことなのです。そのような新しい経験を積む人がたくさんいるのです。

宗教的な施設《しせつ》は「霊界《れいかい》との交流の場」である

ここで、お墓の持つ意味について考えてみましょう。

西洋・東洋において姿形《すがたかたち》はいろいろと違《ちが》うものの、お墓《はか》には一種の〝アンテナ〟のような役割があります。要するに、お墓参りをするなり位牌《いはい》を祀《まつ》るなり、そうした供養のスタイルを取ることによって、天上界や地獄界にいる亡くなった方と心が通じる交差点になるところがあるのです。その意味で、実は重要なものなのです。

普通の人は霊能者《れいのうしゃ》ではないので、「思ったらすぐに死者に通じる」ということは、あまりありません。しかし、例えば、「お盆《ぼん》なら、きちんと供養される」「命日には供養される」と、亡くなった人が期待しているような場合に、遺族に供養しようという気持ちがあって、霊園、墓地のように決まった所で供養をすると、その気持ちがつながるのです。両方の電話がつながるような感じになり、お互《たが》いの気持ちが通じることがあるわけです。

実際に、死んであの世に還ると、あの世での仕事があるので、いちおう、そちらのほうで忙《いそが》しくしなければいけないのですが、ときどきは子孫《しそん》のことも思い出し、「どうなっているかな」「どうしているかな」と気にしている方もいます。そういうときに、やはり、先祖供養や何かの儀式《ぎしき》等で出会える場があると、懐《なつ》かしく思い出すことができるわけです。そういう儀式があると、亡くなった人のほうも、何十年かは覚えているものです。ただ、

「霊界《れいかい》との交流の場」である幸福の科学の精舎《しょうじゃ》

全国・全世界 700 カ所以上に精舎や支部精舎等が展開されている。

東京正心館《しょうしんかん》

総本山・那須《なす》精舎
付属 来世幸福園

聖地《せいち》・四国正心館
付属 来世幸福園

それを過ぎると、だいたいこの世のことを忘れていきます。

その意味では、自分の家族などが生きている間は、この世とコンタクトするための何らかの方法が残っているほうがよいということです。

例えば、幸福の科学の東京正心館《しょうしんかん》等の精舎《しょうじゃ》や、全国の支部、来世《らいせ》幸福園（霊園）などの宗教施設《しせつ》は、一種の「霊界《れいかい》との交流の場」でもあるのです。

幸福の科学の供養《くよう》大祭に込《こ》められた霊的《れいてき》意味

先祖供養《くよう》に当たっては、どうか原点を間違わないでください。先祖を供養するには、その前提として、供養する側《がわ》に修行が必要です。まず、仏法《ぶっぽう》真理《しんり》を学習すること、真理の書籍《しょせき》を読み、幸福の科学の各種行事に参加して、学習を深めること、そして、仏の光の感覚を身につけることが大事です。その結果、その光の一部を廻向《えこう》していくことが可能になるのです。

要するに、「悟りの力」によって先祖は供養されるのです。これが原点です。

そのため、幸福の科学の総本山《そうほんざん》・正心館等の精舎では、先祖供養大祭や永代《えいたい》供養等を実施しています。また、全国の各支部でも、年に二回、供養大祭を行《おこな》っています。

したがって、当会の供養大祭などに参加して、光の強い人たちと一緒《いっしょ》に供養するほうがよいでしょう。導師がいるほうが安全ですし、他の参加者たちの光にも守られるので、そういう場所で供養したほうがよいのです。

また、当会の供養大祭の会場には、当然、

参加者の守護《しゅご》・指導霊《しどうれい》や当会の支援《しえん》霊たちが来ているので、家に取り憑《つ》いて子孫に「悪さ」をしている先祖は、そういう霊に見つけられます。そして、「なんだ、おまえは。何年も悪さをしているようだな」などと言われ、先生の前に出された生徒のように恐縮《きょうしゅく》するのです。

彼らは、生きている人間には見えないので、悪いことができたのですが、あの世の霊人には見えるため、「おまえの子孫が、こんなに一生懸命《いっしょうけんめい》、頑《がん》張《ば》っているのに、ずっと悪さをしてきただろう」と叱《しか》られ、「ばれたか」と観念して、すっかりおとなしくなるわけです。

要するに、子孫の力だけでは救済できない場合でも、当会の行事に参加することによって、間違ったことをしている先祖を高級霊が叱ってくれるのです。あの世のことには、あの世の人が最も精通《せいつう》しているので、基本的には、霊人の間違いは、あの世の高級霊に任せるのが近道なのです。

そのように、当会の行事に参加することは、あの世の高級霊との間に新しい縁ができるきっかけにもなるので、先祖供養は、できるだけ、当会の供養大祭の会場で行ったほうがよいのです。

もちろん、家庭でも、年に何回か、命日などに家族全員で供養するのは、悪いことではないと思います。しかし、やりすぎないことです。毎日、朝昼晩と供養したり、毎晩、寝《ね》る前に供養したりするよりも、きちんと自分が修行をすることです。

当会の根本経典である『仏説・正心法語』を読誦《どくじゅ》したり、仏法真理の書籍を読んだりして、まず、自分自身の悟りを高めることに重点を置き、先祖供養は、できるだけ、導師がいる所で行うほうが、危険が少なく、効果も大きいのです。

5 自殺や災害で亡《な》くなった場合の供養《くよう》

自殺者の霊《れい》が天国に行くための条件

「自殺霊《れい》は、原則、天上界《てんじょうかい》に上がれない」というのは、本当のことです。使命を全《まっと》うできずして命を絶った場合には、たいてい、「天上界に上がれない」というよりも、むしろ、「地獄《じごく》まで行かない」ということが多いのが事実です。

彼らは、地獄に行かずに、この地上の、ある特定の空間、例えば、自分が自殺した場所などにとどまります。つまり、地縛霊《じばくれい》になることが多いのです。地縛霊にならないとしたら、たいてい、家族や親類などのところにやってきます。要するに、「あの世行き」ができないのです。地獄まで行くこともできなくて、自分の生活範囲《はんい》のなかにとどまろうとすることが多いわけです。

そういう人が悟《さと》るのには、かなりの時間がかかります。個性差がありますが、「そう簡単には悟ることはない」と言ってよいでしょう。早い人でも、やはり数年ぐらいかかることが多いのです。

一般《いっぱん》の人の場合には、自殺すると、普通《ふつう》は天国には行けません。

自殺者の場合は、たいていエゴイストなのです。自分のことしか考えず、自分の先行きの見込《みこ》みがなくなったら、身を捨ててしまい、「何もかも終わりだ」という考え方をします。これがいけないのです。

「自殺した人」の成仏《じょうぶつ》の条件も、「一般の人」の成仏の条件と、ほとんど同じなのですが、自殺した人の場合は、死に方が悲惨《ひさん》なだけ、難しいところはあります。

多くの人を供養《くよう》するには、かなりのエネルギーが要《い》る

また、戦争や震災《しんさい》によって、一度に多くの人が亡《な》くなった場合、仏教的には、「千僧供養《せんぞうくよう》」といって、「千人の僧侶《そうりょ》で供養する」というやり方があります。地域全体になると、規模が大きいですし、霊の数が多いので、「導師一人ぐらいでは、ちょっと難しい」ということで、「千人ぐらいの僧侶が集まって読経《どきょう》する」というようなことをします。

要するに、念力《ねんりき》を強めるのです。「集合念を集めて行わないと、できない」ということで、大勢で行うわけです。

例えば、阪神《はんしん》大震災や東日本大震災のように、非常に多くの人が亡くなると、ちょっとやそっとのことでは天上界に上がっていかないでしょう。

供養するにしても、やはり、かなりのエネルギーが要《い》ります。それも、一回、供養しただけでは、まず、スッとは上がっていきません。個人個人に、この世への執着《しゅうちゃく》や恨《うら》みつらみもありましょうから、どのくらいで成仏するかは人それぞれなのです。

震災などで亡くなっても、あの世を信じていた人、例えば、幸福の科学の教えを信じていた人の場合には、おそらく、じきに成仏するはずです。それは大丈夫《だいじょうぶ》です。

しかし、生きていたときに、宗教とかあの世とかを、全然、信じていなかった人、そういうものを否定していた人は、震災などで亡くなると、何が起きたのか、なかなか分からないので、すぐには成仏しないと思います。生前、宗教やあの世を否定していて、突如《とつじょ》、亡くなったような人は、生前の生活に執着しているので、平均して三年程度は、だいたい、地表近くで、うろうろしているものです。

不慮《ふりょ》の死で天上界《てんじょうかい》に還《かえ》った人は生まれ変わりが早い

ただ、「人生の途中《とちゅう》で不慮《ふりょ》の死に方をして、悔《くや》しかった」という人は、天上界《てんじょうかい》に還《かえ》った場合には、人生のやり直しとして、早く生まれ変わってくることが多いと言えます。そのように、人生を全うできなかった人は、地獄で苦しんでいない場合には、わりに生まれ変わりが早いのです。

「児童で死んだ」「新婚《しんこん》で死んだ」「事業の半《なか》

ばで死んだ」「『これから』というときに死んだ」など、「中途半端《ちゅうとはんぱ》な死に方をした。残念だった」ということは、いろいろと、たくさんあるでしょう。

そういう、もともとの人生計画ではないような死に方をした人は、天上界に還った場合には、生まれ変わりがかなり早いのです。「もう一回、やり直しをしたい」という思いが強い人は、だいたい、十年か二十年で生まれ変わってくることが、わりに多いわけです。

例えば、東京大空襲《だいくうしゅう》等で亡くなった人で、まだ地上で漂《ただよ》っている人はかなり少なく、もう、あまりいないと思います。これだけ近代ビルが立ち並んでいるのに、まだ、何が起きたのかが分からないとすれば、それは、よほどの頑固者《がんこもの》です。そういう人は、墓地周辺にはまだいるかもしれませんが、だいたいの人は、天上界に上がっているか、地獄にいるか、どちらかです。

そういう人で、天上界に上がっている人の場合には、おそらく、戦後の昭和四十年代のベビーブームあたりで生まれ変わってきていることが、かなり多いのではないかと思います。

阪神大震災や東日本大震災等で亡くなった人たちを気の毒だと思うなら、震災から二十年ぐらいしたころに、出産を奨励《しょうれい》したほうがよいと思います。「美しい神戸《こうべ》をつくるために、もう一回、人生をやり直したい」という人などがいるでしょうから、そういう人は生まれ変わってくると思います。

そのような考えもあるでしょう。

地域浄化《じょうか》のための供養《くよう》は死後三年目ぐらいまで

それから、前述したように、地域浄化《じょうか》のためのやり方としては、千人の僧侶で行う千僧供養《くよう》というものがあります。千人というのは象徴《しょうちょう》であり、五百人でも三百人でも百人でもよいのですが、ある程度の人数で、まとまって供養をすれば、霊域《れいいき》の浄化は可能です。

ただ、不本意な死に方をした人は、どうしても、一定の期間がないと、なかなか天上界に上がりません。本人の納得《なっとく》、了解《りょうかい》が得られない場合は、あの世から導きの霊が助けに来ても、そう簡単に上がらないのです。彼らは、この世に執着しているので、一定の諦《あきら》めがつくまで、時間のかかることが多いのです。

それから、震災などで死んだ人のなかには、死んだときのままで時が止まってしまう人がたくさんいますが、そういう人は街が復興していく姿を見ていて、だんだん悟ってくることもあります。次第《しだい》に街が復興してきて、普通の状態に戻《もど》ってきたら、だんだん悟ってきます。多少、時間がかかるのです。

したがって、彼らを供養してあげるとしたら、死後三年目ぐらいまでが中心であり、そのあとは、次第に地上をユートピア化していったほうが早いのではないかという感じがします。

point

■天国に還《かえ》った先祖には、年に一、二回は思い出して感謝をすること。それは、あの世の先祖の徳になる。

■先祖が地獄《じごく》に堕《お》ちている場合は、子孫が仏法真理《ぶっぽうしんり》を学んで、必要な教えを分かるように伝えるとよい。

■生前、信仰《しんこう》を持っていなかった人は天国に還れない。また、「人を責める思い」や「貪《とん》・瞋《じん》・癡《ち》」の心の三毒《さんどく》が、地獄に堕ちる原因になる。

■現代の学問には唯物論《ゆいぶつろん》的なものが多く、何十年も勉強すると、あの世の存在を理解できなくなることがあるので注意が必要。

point

■ 廻向《えこう》とは、自分の愛情や徳を先祖に廻《まわ》してあげること。仏法真理の学習をして、日々、精進《しょうじん》して蓄《たくわ》えた光を手《た》向《む》けることで、先祖の苦しみを和《やわ》らげてあげることができる。

■『仏説《ぶっせつ》・正心法語《しょうしんほうご》』には、「般若心経《はんにゃしんぎょう》」や「法華経《ほけきょう》」の一万倍の力がある。分かりやすいお経のほうが救済力がある。

■ 供養《くよう》には「悟《さと》りの力」が必要なので、幸福の科学の供養大祭などに参加して、導師がいるところで供養したほうがよい。

コラム

地獄《じごく》に堕《お》ちた人を救いに行く天使たち

天使たちは、あの世では、地獄《じごく》に堕《お》ちた人たちを救済する仕事をしています。あなたがたの多くは、やがて、そういう仕事をすると思います。天《てん》上界《じょうかい》に還《かえ》って、しばらく修行《しゅぎょう》を積み、経験を積み、ある程度、霊《れい》としての悟《さと》りを得たら、おそらく、「地獄に堕ちて苦しんでいる人たちを救出する」という仕事を経験することになるのです。

初めて地獄界に降りていくときのすさまじさは、想像を絶するものです。天上界から地獄界に降りていくときというのは、ちょうど、断崖絶壁《だんがいぜっぺき》を口ープ一本でずっと降りていくような感じに近いのです。高原のようなところから闇《やみ》の世界にストーンと落ちていくような怖《こわ》さがあります。下に行くほど、もう漆黒《しっこく》の闇です。最初は何も見えません。目が慣れるまで、闇のなかでうごめいているものを見ることができません。そういう闇の世界を降りていくのです。

そして、地上界で多くの人たちが信仰《しんこう》に目覚め、活動したり祈《いの》ったりしていると、地獄界で救済をしている天使たちに、地上の人々の思いが伝わってくることがあります。

多くの人たちが信仰し、祈ったり、「私たちも仏国土《ぶっこくど》ユートピアをつくっていきたい」と願ったりしている姿が見えてくると、天使たちの励《はげ》ましになるのです。

天使たちは、「私たちは孤独《こどく》ではないのだ。地獄界にあっても孤独ではないのだ。地上界でも、やはり、この世の人たちを救おうとして頑張《がんば》っている人たちがいるのだ」と励まされるわけです。

今、地獄に堕ちて悪鬼《あっき》となっていても、かつて地上界に住んでいたときには、ある人の親であったり、おじいさんやおばあさんであったり、親戚《しんせき》であったり、友人であったりした人たちです。地上界の人にも縁《えん》があるのです。

そして、地上界の縁のある人も「地獄に堕ちた人たちを正していこう。闇を晴らしていこう」という思いでもって努力していると、天使と力が相《あい》呼応してくるのです。

思いが通じてきて、天使の力が鼓舞《こぶ》されるのです。天使である彼らにも勇気が与《あた》えられるのです。闇夜のなかで、光を見いだしたような気持ちになります。

「ああ、この人を救おうとしている人が、ほかにもいるのだ。地上界の人も、そういう思いを持っているのだ」ということが分かると、強い浮力《ふりょく》が働いてきます。

他の亡者《もうじゃ》たちがその人の脱出《だっしゅつ》を〝妨《さまた》げよう〟としているのに対し、一方では、〝救おう〟とする天使がいるわけですが、それに加えて、天使を支えようとする地上からの思念《しねん》や想念、波動《はどう》が重なってくると、天使のほうもグッと助けていくことができるのです。

あまり効率がよいとは思えませんが、そういうかたちで、一人ひとり納《なっ》得《とく》ずくで地獄界から引き上げていきます。

深い地獄から、少し浅い地獄に連れていき、そこで目を慣らして、考え方を改めてもらいます。浅い地獄にいるほかの人たちを見てもらい、「どういうところが間違《まちが》っていると思うか」ということを考えさせ、教えていくのです。

第4章

晩年を生きる心構え

明確なガイドブックがあれば、死後の世界は怖《こわ》くない

おそらく、世の中の九十パーセント以上の人々は、死後を恐《おそ》れているのではないでしょうか。街頭《がいとう》などで訊《き》かれれば、半数ぐらいの人々は「死後の世界などない」と答えるかもしれませんが、それでいて、内心では「もしあったらどうしよう」と思っている人が多いはずです。

死後の世界が恐れられる理由の一つは、「死後の世界の話は数多くあるけれども、そこに行って帰ってきた人がほとんどいないために、よく分からない」ということにあると思います。確かに、死後の世界に行って帰ってきた人がほとんどいないというのは、そのとおりであり、分からないのも無理はない面があります。

死後の世界に対する恐怖心《きょうふしん》をなくすためには、死後の世界の本当の姿を、

もっとはっきりさせる必要があります。

確かに、地獄《じごく》という恐ろしい世界も存在しますが、天国と言われる世界は非常に素晴《すば》らしい世界であり、そこには素晴らしい人々が数多く住んでいます。そうした世界が現実にあるという事実を知ることは、大きな希望だと思います。

死後の世界が怖《こわ》いのは、その世界のことがさっぱり分からない点に原因があるわけですから、死後の世界についての「明確な見取《みと》り図《ず》」があれば、それほど怖いものではなくなるはずです。

海外旅行をしようとするときにも、現地の情報が何もなければ非常に不安ですが、さまざまな地図やガイドブックがあれば、何とか行けそうな気がするものです。それと同じことなのです。

死後の世界については、私の数多くの著書に詳《くわ》しく書いてあります。代表的なものとして、『太陽の法』『黄金の法』『永遠の法』（いずれも幸福の科学出版刊）という三部作があり、特に『永遠の法』では、あの世の世界の仕組みを明確に説いています。

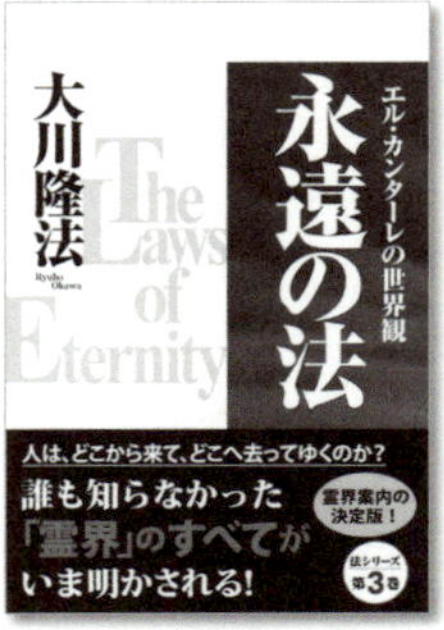

『永遠の法』（幸福の科学出版刊）

生きているうちに真理を知ることの大切さ

現代の日本では、「半分以上の人が地獄に堕《お》ちている」という状況《じょうきょう》です。しかし、「日本のすべての人が、一冊は私の著書を読んだことがある。一回は私の説法《せっぽう》を聴《き》いたことがある。一回は幸福の科学のセミナーに出たことがある」という程度にまで、私の説く教えが普及《ふきゅう》すると、地獄に行く人もずっと減って、二、三割、あるいは、一、二割の人しか地獄に行かなくなるでしょう。

さらに、世の中が、仏法真理《ぶっぽうしんり》の本を何冊も読んで勉強し、その教えを実践《じっせん》して、「人々を幸福にしよう」と頑張《がんば》って生きている人で満ちてきたら、ほとんどの人が地獄に行かなくてもよくなるのです。

それは、そんなに難しいことではありません。簡単なことなのです。必要なのは価値観の転換《てんかん》です。信仰心《しんこうしん》を持つことです。すなわち、「仏がおられ、人間は仏の子なのだ」ということを知り、仏の子としての生き方を実践するだけで、地獄に行かなくて済むのです。そんなに難しいことではありません。

最後の十年ぐらいの生き方

それから、六十歳《さい》や七十歳を過ぎ、平均寿命《じゅみょう》の年まであと十年ぐらいになった人は、その最後の十年ぐらいの生き方が非常に大事です。その間、心を穏《おだ》やかにし、この世への執着《しゅうちゃく》を少しずつ減らす訓練をしていくことです。

最後の十年ぐらいにおいて執着がたくさんある人は、地獄に行くというより、地縛霊《じばくれい》などの不成仏《ふじょうぶつ》霊になる可能性が非常に高いのです。家、土地、財産、事業、子孫《しそん》などに対して執着を持ちすぎると、自分の成仏を妨《さまた》げるので、毎年毎年、執着が少なくなっていくように努力する必要があります。

そして、「すべては、よくなっていく」と思うことです。「私の周囲の人たちは、よい人ばかりであり、私がいなくても、彼らはきっと努力して立派になっていくだろう。私の役目は終わろうとしているようだから、私は、あの世に還《かえ》る準備をしなければいけない。心を穏やかにし、間違《まちが》った思いや行いを反省して、死後に備えよう。あの世への〝入学準備〟をしよう」と思うことです。

最後の十年ぐらいの間に、家族や友人、その他の人たちと、あまり葛藤《かっとう》を起こすと、成仏の妨げになるので、気をつけなければいけません。自身のためにも、そうした葛藤はないほうがよいのです。身内を責めたり、自分に縁《えん》のある人から嫌《きら》われたりするような生き方は、すべきではありません。

いつ死んでもいいような気持ちで生きる

仏教的な悟《さと》りの理想を言えば、「いつ死んでもいいような気持ちで生きる」ということが大事です。

釈尊《しゃくそん》は、「この世は、いつ去ることになるか分からない、無常《むじょう》の世界である。しかし、この世を去ると、本来の世界に還れるのだから、いつ去ったとしても悔《く》いのない生き方をしなさい。この世に対する執着を捨てなさい」ということを、繰《く》り返し説いていたのです。

釈尊の時代から二千五百年たった現在でも、現実に、いろいろな人々が生き、そして死んでいく姿を見てみると、「まさしく、この世への執着が問題なのだ」ということがよく分かります。

「この世への執着を断《た》って、安らぎの世界に入る」という、心の修行《しゅぎょう》をしていれば、涅槃《ねはん》の世界に入れます。

しかし、その修行をしていない人の場合は、どうしても、この世に執着するため、なかなか、あの世への移行がスムーズではないのです。

この世の人生は舞台《ぶたい》での劇のようなもの

私は、「この世で生きている数十年の人生というものは、ほんのひととき の夢、あるいは一時期の旅行にしかすぎないのだ」ということを、繰り返し繰り返し述べてきました。

人間は、「永遠の生命」、「不滅《ふめつ》の生命」を有しています。そして、何千年、何万年、あるいはそれ以上の永《なが》い永い歳月《さいげつ》を、魂《たましい》として生き抜《ぬ》いているのです。その間《かん》、この地上では、両親の縁によって肉体という〝乗り物〟に魂が宿り、子孫が繁栄《はんえい》し、何度も何度も魂修行をなすことができるようになっているのです。

「なぜ、そのような複雑怪奇《ふくざつかいき》なことをするのだろうか」と思う方も、おそらくいることでしょう。「霊として、そのまま霊界《れいかい》で生活していたらよいではないか。何ゆえに、わざわざ肉体に宿って生まれてきて、人生の川下《くだ》りをしなければならないのか。やがては死んで、あの世に還らなければならないのに……」と、不思議に思う方もいるかもしれません。

しかし、私は、真実を実体験した者として、転生輪廻《てんしょうりんね》の秘密を分かりやすく述べるとするならば、「これこそが、実は、仏の発明した最大の幸福論かもしれない」と思えるのです。

人間は、肉体に宿って、数十年の人生を生きている間は、ある特定の名前を持ち、「自分は、○○という名前を持った固有《こゆう》の存在だ」と思って、一生懸命《いっしょうけんめい》に人生を生きるわけですが、永い永い転生の記憶《きおく》からすると、「それは、あるとき、ある劇に出演した配役の名前にしかすぎない」ということが分かります。「人間は、いろいろな時代の、いろいろな舞台《ぶたい》での劇のなかに、違った名前の役者として出演し、その演技の腕《うで》を磨《みが》いている」という事実が分かってくるのです。

今は日本人として生きているかもしれません。しかし、一時代前には中国人だったかもしれません。あるいは、イギリス人だったかもしれないし、アメリカ人やフランス人だったかもしれません。かつては、インドやエジプトに生きていたかもしれません。さらには、今はもう存在しないムー大陸やアトランティス大陸に生きていたかもしれません。

そういうことを、心のなかで思い描いてみてください。素晴らしい経験だと思いませんか。素晴らしい世界だと思いませんか。

いろいろな文明の、いろいろな文化が花咲《さ》いているときに、生まれて、大きくなり、仕事をして、恋《こい》をし、結婚《けっこん》して、子供を育て、そして老いて死んでいく――。

老いて死ぬことは非常に悲しいことではありますが、それを経《へ》ることによって、さらに次なる機会が与《あた》えられるのです。

point

■仏法真理《ぶっぽうしんり》が広がれば、仏の子としての生き方を実践《じっせん》する人が増えて、地獄《じごく》に行く人はずっと減ってくる。

■最後の十年ぐらいの間は、心を穏《おだ》やかにし、この世への執《しゅう》着《ちゃく》を減らす訓練をしていくことが大事。

■この世の人生は「舞台《ぶたい》」のようなもの。死んであの世に還《かえ》ることによって、次の人生の機会が与《あた》えられる。

エピローグ

まず、一人を救え

真実は、ただ一つである。
仏神は実在し、
あの世は存在する。
人間は、過去・現在・未来を、

epilogue

転生《てんしょう》していく魂《たましい》である。
そして来世《らいせ》には、天国と地獄《じごく》が待っている。
他人に対して優《やさ》しく愛を与《あた》え、
自《みずか》らには厳しく反省をもって臨《のぞ》んだ者は、
天国に赴《おもむ》き、
自我我欲のままに生きた者は、地獄に堕《お》ちる。
これが法則である。
これを悟《さと》ったならば、まず一人を救え。
あなたが、天国で再会したいと願う、
その一人をこそ、まず救うのだ。

あとがき

今の日本では、信仰心が薄れて、神も仏も、あの世も信じない人が多くなった。

死んだ後も、成仏《じょうぶつ》させにくいのは、いわゆる左翼唯物論型《さよくゆいぶつろんがた》の人間である。いわゆる「学問をやったバカ」ほど救いにくい人はいない。

もう一つは、先祖供養を目玉にし、この世の不幸は何もかも先祖が不成仏なせいにして、間違った信仰を広めている邪教《じゃきょう》の存在である。

人間としての正しい生き方や、正しい世界観が必要なのである。

当会の真理を理解し、『仏説《ぶっせつ》・正心法語《しょうしんほうご》』を読誦《どくじゅ》すると、迷える霊を救える力は、『般若心経《はんにゃしんぎょう》』の一万倍以上である。ぜひとも正しい方法で、愛するひとを天国に導いてほしい。

二〇一七年　一月二十四日

幸福《こうふく》の科学《かがく》グループ創始者兼総裁《そうししゃけんそうさい》　大川隆法《おおかわりゅうほう》

『正しい供養　まちがった供養』出典一覧

プロローグ　死は永遠の別れではない

死別の時……………………………………『今日を生き抜け 心の指針 第四集』16〜21ページ※

霊との対話による供養の実例

ケース①　あの世に戸惑う死後二週間の霊を諭す…………二〇一三年十月四日収録「引導を渡すとは」

ケース②　亡くなった夫からの優しいメッセージ…………『ハウ・アバウト・ユー？』54〜59ページ

第1章　あの世への旅立ち

1　まず、あの世を信じなければ供養はできない

「死後に関する質問」に答えられない現代の僧侶たち…………『不成仏の原理』16〜20ページ

真実を知らなかった人は、自分の死を理解できない…………『死んでから困らない生き方』36〜38ページ

2　幼い息子を亡くした女性に釈迦が諭した言葉とは…………『幸福供養祭 特別御法話』6〜10ページ※

3　人は死んだらどうなるのか

普通の人は自分の死をなかなか自覚できない…………『霊的世界のほんとうの話。』18〜20ページ

魂が肉体から離れるまでの様子…………『永遠の生命の世界』100〜102ページ

霊界では一人ひとりが大事にされている……『信仰のすすめ』94〜95ページ
過去を映し出す「照魔の鏡」……『永遠の生命の世界』82〜84ページ
〝人生ドラマ〟を見て、死後の行き先が決まる……『死んでから困らない生き方』44〜46・53ページ
霊的人生観を受け入れるかどうかで、人生に大きな差が出る……『死んでから困らない生き方』59〜62ページ

第2章　こんな間違った先祖供養をしていませんか

1　幸・不幸の原因は自分自身にある

不幸を先祖のせいにする供養は間違い……『「幸福になれない」症候群』295〜299ページ
供養のつもりが「奪う愛」になっていないか……『永遠の生命の世界』176〜177ページ
御札や護摩木で先祖が救われるわけではない……『心の挑戦』252〜254・257ページ

2　先祖が迷っている場合の注意点

先祖が迷っている場合、その原因は先祖自身にある……『幸福供養祭 特別御法話』50〜52ページ※
先祖による障りの例……『復活の法』63〜64ページ
死後、五年たっても娘に憑依していた父親の霊……『復活の法』49〜53ページ
供養の前に知っておきたい「波長同通の法則」……『真実への目覚め』55〜56ページ

【霊言コラム】

自らの死を認めない元・左翼政治家の霊……『元社会党委員長・土井たか子の霊言』171〜174・183〜184・187〜189ページ

第3章　正しい供養で故人も遺族も幸福になる

1　天国に還った人への供養のあり方

「感謝」の気持ちが故人の「徳」になる……『先祖供養の考え方』12〜15ページ※
両親から与えられたことは山のようにある……『「幸福の原点」講義』57〜60ページ※
親とは、身を削ってでも子供に与えてくれるもの……二〇一一年七月三十一日収録「仕事能力倍増法」

2　地獄に行く人たちの見分け方

その人に分かるかたちで真理を伝える……『霊界散歩』59〜60ページ
天上界に上がるには信仰が必要……『霊界散歩』148〜149ページ
地獄の霊は人を責める思いが強い……『ユートピア創造論』88〜89・91ページ
「しつこい性格」の人は、死後に幽霊になりやすい……『死んでから困らない生き方』80〜81ページ
「諸行無常」「諸法無我」「涅槃寂静」の教えの大切さ……『死んでから困らない生き方』84〜85ページ
地獄に行く人の特徴である「心の三毒」……『幸福供養祭 特別御法話』58〜64ページ※
現代の唯物論的な学問が持つ危険性……『永遠の生命の世界』59〜63ページ

3　子孫が真理を学ぶことが最大の供養になる

反省さえすれば天国に還れる……『「信仰と愛」講義』109〜110ページ※
廻向によって先祖の苦しみを和らげる……『幸福供養祭 特別御法話』18〜19・22〜23・25ページ※
子孫の悟りが先祖を「成仏」に導く……『「信仰と愛」の論点』65〜67ページ※

【コラム】〝葬儀サービス〟の落とし穴

〝お坊さんの宅配便〟はお寺を死滅させる……『凡事徹底と静寂の時間』44ページ

「便利さ」の陰で失われている「根本的な何か」……『未来へのイノベーション』21～23ページ

4　正しい供養の心構えと方法

『仏説・正心法語』を使った先祖供養……『信仰と愛』153～155ページ

分かりやすいお経のほうが救済力がある……『先祖供養の考え方』9～11ページ※

故人と子孫を同時に救う「仏説・願文『先祖供養経』」……『「仏説・願文『先祖供養経』」講義』28～30ページ※

迷っている子供の霊を供養するときの心構え　『「仏説・願文『先祖供養経』」講義』69・73～78・80～81ページ※

あの世でも「子育ての仕事」がある……『永遠の生命の世界』46～48ページ

宗教的な施設は「霊界との交流の場」である……『正義の法』89～91ページ

幸福の科学の供養大祭に込められた霊的意味……『永遠の生命の世界』180～181・182～184ページ

5　自殺や災害で亡くなった場合の供養

自殺者の霊が天国に行くための条件……『永遠の生命の世界』109～113ページ

多くの人を供養するには、かなりのエネルギーが要る……『永遠の生命の世界』114～116ページ

不慮の死で天上界に還った人は生まれ変わりが早い……『永遠の生命の世界』117～119ページ

地域浄化のための供養は死後三年目ぐらいまで……『永遠の生命の世界』120～121ページ

【コラム】地獄に堕ちた人を救いに行く天使たち……『信仰者のなぐさめ』34～35・42～46ページ※

第4章　晩年を生きる心構え

明確なガイドブックがあれば、死後の世界は怖くない……『「幸福になれない」症候群』268～271・273ページ
生きているうちに真理を知ることの大切さ……『信仰のすすめ』168～169ページ
最後の十年ぐらいの生き方……『先祖供養の考え方』53～55ページ※
いつ死んでもいいような気持ちで生きる……『霊界散歩』29～31ページ
この世の人生は舞台での劇のようなもの……『宗教選択の時代』16～19ページ

エピローグ　まず、一人を救え……『伝道宣言』21～25ページ※

※は、宗教法人幸福の科学刊。書店では取り扱っておりませんので、詳しくは左記までお問い合わせください。

【幸福の科学サービスセンター】TEL03・5793・1727
（受付時間　火～金／10時～20時　土日祝（月曜を除く）／10時～18時）

供養の思いは、故人に届く。

幸福の科学では、法要や供養に参加された方々から、
さまざまな感動体験が寄せられています。
故人の来世での幸福を確信した体験をご紹介します。

霊界の主人が救われたことを実感

R・Kさん　80代

83歳で亡くなった主人が、葬儀後、夢に出てきたときの姿は、青白い顔で胸から下が黒で塗りつぶしたように真っ黒でした。主人は生前、熱心な共産党員で宗教を否定してきたので、スムーズに天国に還っているとは思えませんでした。

私は、「何とかして主人を助けたい」と思い、来世幸福園で主人の納骨法要を行いました。導師が『正心法語』を読み始めると、不思議なことに、私には主人の泣き声が聞こえてきました。それが、うれし泣きのように思えました。

さらに不思議なことに、その後も、主人は1年にわたって、6回も夢に出てきました。法要から半月後は背広姿で、少し元気な様子。その後、少しずつ顔色が良くなっていき、最後は、はつらつとした主人が作業着で元気に働いている姿を見せてくれたのです。『正心法語』による供養の力を実感する、ありがたい機会でした。

※この体験は、「夢人間」第3号に掲載されました。

法要で感じた父の幸福感

K・Oさん　50代

幸福の科学の信者として活動していた母は、2年前に帰天し、すでに聖地・四国正心館の来世幸福園で納骨法要をしていました。一方、最近亡くなった父のほうは、生前、信仰を持っていませんでした。

しかし、今回、父の納骨法要に臨《のぞ》んだときに、父から、「これでやっとお母さんと一緒にいられる。これで大丈夫や」という安心感と、仏の光に包まれた幸福感が伝わってきました。ありがたい機会をいただいたことに、感謝申し上げます。

法要後、夢に現れた笑顔の長男

A・Hさん　70代

私の長男は6年の闘病生活の末、36歳の若さで他界し、また、主人は、長男が闘病中に60歳で他界しました。

この度、幸福の科学の来世幸福園で納骨法要をさせていただいたところ、その10日後に、長男と主人がニコッとした笑顔で夢に出てきました。特に、長男は何とも言えない満面の笑顔でした。

朝、それを振り返っていると、法要のことを知らなかった次男から、電話が掛かってきて、「昨夜、お兄ちゃんとお父さんが夢に出てきたよ」と言うのです。驚いた私は、「お兄ちゃんの顔はどうだった」と聞くと、「とってもいい笑顔をしていたよ」と話してくれました。

来世幸福園に入園できたことが、とてもうれしかったのだと思い、私も安心しました。

天国の慈悲の光を故人に届けるための祈願・研修

幸福の科学では、お世話になった故人への感謝を深め、
その方の来世での幸福を実現するための、さまざまな祈願や
研修を開催しています。その一部をご紹介します。

総本山・先祖供養
永代《えいたい》供養／七年供養／三年供養／一年供養

『総本山・先祖供養経』を読誦し、地上を去りたる諸霊に対し、あの世への導きの光を与えます。

総本山・正心館、総本山・那須精舎、聖地・四国正心館で開催
※3月と8月に行われる先祖供養大祭では、「総本山・先祖供養」を全国の精舎で開催

愛念《あいねん》供養祈願

心からの愛と供養の思いを、あの世の愛しい故人に届け、あの世での幸福を祈ります。

全国の精舎で開催

『故人の徳を偲《しの》ぶ瞑想』研修

故人に対して、良い思い出を中心に徳を偲ぶ瞑想を行います。研修のなかで、心を込めて手紙を書き、霊界の故人に届けます。

総本山・那須精舎、聖地・四国正心館で開催

先祖供養大祭

全国の幸福の科学の支部・精舎では、3月に「春の先祖供養大祭」、8月に「お盆の先祖供養大祭」を開催しています。

『故人の徳を偲ぶ瞑想』研修　イイシラセ

父が天上界に存在していることを実感

父は、87歳での大往生でした。那須精舎の研修に参加して、父との思い出を振り返り始めると、「ああ、もっと、こうしてあげれば……」という後悔の念が込み上げてきましたが、瞑想をしていると、父が30代くらいの姿で現れて、私に白い蘭《らん》の花束を差し出し、「大丈夫だよ、気にするな」というメッセージを伝えてくれました。はつらつとして、喜びと元気に溢れている父の姿を見せていただき、天上界には、生まれ変わった本来の父が確かに存在していると深く実感できました。

Y・Wさん　50代

会員・未会員を問わず、どなたでもご参加いただけます。精舎・支部の所在地や祈願の詳細等は、下記までお気軽にお問い合わせください。

サービスセンター　**03-5793-1727**　【火～金】10時～20時　【土日祝】10時～18時（月曜を除く）

※このページで紹介している祈願は、2023年7月現在開催中のものです。

幸福の科学の精舎
人生が好転するパワースポット

総本山・未来館
〒320-0043
栃木県宇都宮市桜 3-2-48
TEL　028-611-4777

総本山・那須精舎
〒329-3434
栃木県那須郡那須町梁瀬 493-1
TEL　0287-75-6105

別格本山・聖地エル・カンターレ生誕館
〒779-3303
徳島県吉野川市川島町桑村 2828-51
TEL　0883-25-2757

総本山・正心館
〒320-0837
栃木県宇都宮市弥生 2-14-3
TEL　028-649-7000

総本山・日光精舎
〒321-1449
栃木県日光市丹勢 631-24
TEL　0288-50-1277

聖地・四国正心館
〒772-0051
徳島県鳴門市鳴門町高島字竹島 150
TEL　088-687-2511

北海道正心館
〒064-0958
北海道札幌市中央区宮の森 904-1
TEL　011-640-7577

東北・田沢湖正心館
〒014-1204
秋田県仙北市田沢湖田沢字春山 114-2
TEL　0187-43-9777

秋田信仰館
〒015-0404
秋田県由利本荘市矢島町七日町字山寺 30
TEL　0184-27-5777

仙台正心館
〒983-0803
宮城県仙台市宮城野区小田原 1-8-25
TEL　022-355-7390

東京正心館
〒108-0074　東京都港区高輪 2-1-17
TEL　03-5793-1777

新宿精舎
〒169-0075　東京都新宿区高田馬場 4-38-14
TEL　03-5389-4770

渋谷精舎
〒150-0032　東京都渋谷区鶯谷町 3-12
TEL　03-5457-1757

ユートピア活動推進館
〒107-0052　東京都港区赤坂 2-10-8
TEL　03-6277-6937

横浜正心館
〒231-0023
神奈川県横浜市中区山下町 50-2
TEL　045-228-9772

千葉正心館
〒299-4324
千葉県長生郡長生村一松丁 3684-19
TEL　0475-32-7774

箱根精舎
〒250-0522
神奈川県足柄下郡箱根町元箱根 159-150
TEL　0460-85-2227

新潟正心館
〒950-0973
新潟県新潟市中央区上近江 3-36-5
TEL　025-290-9777

北陸正心館
〒925-0003
石川県羽咋市寺家町セ 20-1
TEL　0767-22-7780

中部正心館
〒431-1403
静岡県浜松市浜名区三ヶ日町大崎 1971
TEL　053-528-1487

名古屋正心館
〒453-0013
愛知県名古屋市中村区亀島 1-2-12
TEL　052-433-1704

大阪正心館
〒530-0047
大阪府大阪市北区西天満 3-6-19
TEL　06-6105-7377

琵琶湖正心館
〒520-0524　滋賀県大津市和邇今宿 31-1
TEL　077-594-8177

中国正心館
〒706-0028　岡山県玉野市渋川 3-7-3
TEL　0863-83-5171

福岡正心館
〒810-0041
福岡県福岡市中央区大名 2-10-26
TEL　092-717-8677

湯布院正心館
〒879-5101
大分県由布市湯布院町塚原 1227
TEL　0977-28-2777

沖縄正心館
〒904-0401
沖縄県国頭郡恩納村字名嘉真 2551
TEL　098-967-7778

幸福の科学の霊園 来世幸福園

幸福の科学では、主エル・カンターレを信じる人々の
「来世幸福」を願って建立された霊園があります。
霊園では、様々な法要や儀式、祈願・研修が執り行われており、
納骨された故人に供養の光が手向けられています。

聖地・四国正心館 来世幸福園

総本山・那須精舎 来世幸福園

◎ご先祖の遺骨の引っ越しである改葬や、分骨をすることもできますので、
遠慮なくお問い合わせください。

総本山・那須精舎 来世幸福園 TEL 0287-75-6102
聖地・四国正心館 来世幸福園 TEL 088-687-2507へお問い合わせください。

ご案内

来世幸福への旅立ち

「幸福の科学葬儀」の
―通夜《つや》式《しき》・帰天《きてん》式《しき》―

死者に対して霊的自覚を促し、光の世界へと導く尊い葬儀を行えるのは幸福の科学だけです。

ご帰天から葬儀・来世幸福(納骨)法要の手順

生涯現役で活躍

▼

ご帰天
(自宅・病院)

▼

・支部／葬儀社への連絡
・仮通夜(枕経)

▼

通夜式

▼

帰天式

▼

火葬／
遺骨迎《いこつむか》えの儀

▼

初七日法要
四十九日法要

▼

来世幸福法要

▼

来世の幸福へ

通夜《つや》式

魂が肉体から離脱する間に故人の霊的自覚を促します。

帰天《きてん》式

故人の魂に対して、自らの死を自覚させ、光の世界への導きを与えます。

帰天式等のお問い合わせは
来世幸福セレモニー株式会社まで
TEL 03-6384-3769(代)
(平日10:00〜17:00)

来世幸福園の法要について

「来世幸福法要」

遺骨を来世幸福壇に納める法要です。故人の、来世での幸福を願って、エル・カンターレ系霊団との縁を深める機会となります。三帰誓願を受けていない故人に対しては、「死後三帰誓願式」を行います。

「法要会《ほうようえ》」

毎年、春と秋のお彼岸、お盆の時期に行われます。来世幸福園に眠れる諸霊の栄誉をたたえ、ご先祖への供養と来世の幸福を祈る、集合形式の法要行事です。

どなたでも参加できます

定例の法要会

春のお彼岸(3月)
お盆(8月)
秋のお彼岸(9月)

「お墓参り読経供養」

来世幸福園へのお墓参りの際に、導師が、来世幸福壇の前で経文読誦と法話をし、参列者の供養の念いを故人にお届け致します。

「帰天家族永代《えいたい》供養」「先祖永代供養」

納骨されている諸霊全てに永代供養の御光を手向けることができます。

「帰天日《きてんび》法要」「月命日《つきめいにち》法要」

一周忌、三回忌、七回忌や、毎月の命日など、故人の命日にちなんだ追善供養となります。地上の人たちの供養の念いは、あの世の霊人の幸福につながります。

※こちらの法要は支部でも行うことができます。

家庭での供養

ご家庭では、世界伝道型御本尊と家庭供養壇で故人の供養を行います。

あの世がスッキリ分かる
おすすめBOOKS

『永遠の法』
エル・カンターレの世界観

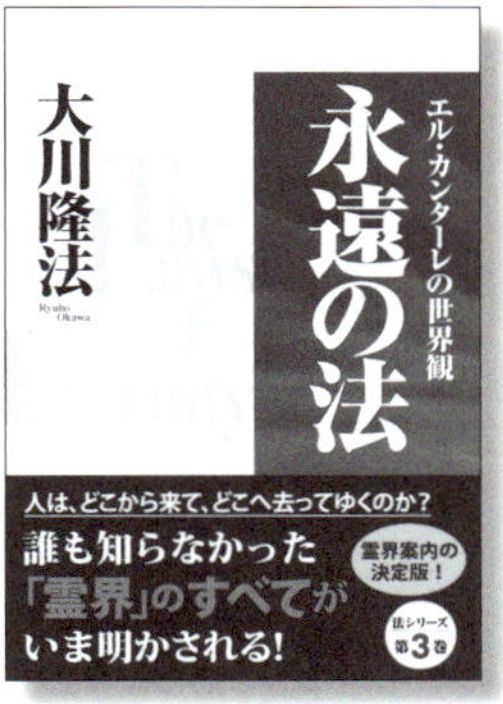

2,200円

CONTENTS
天国と地獄の様子／魂が喜びを感じるとき／天使の働き／永遠の愛／神秘の世界 etc.

すべての人が死後に旅立つ、あの世の世界。天国と地獄をはじめ、その様子を明確に解き明かした、霊界ガイドブックの決定版。

『死んでから困らない生き方』
スピリチュアル・ライフのすすめ

1,430円

CONTENTS
第1章　この世とあの世の真実を知る
第2章　地獄からの脱出
第3章　神と悪魔

この世での生き方が、あの世での行き場所を決める——。霊的世界の真実を知って、天国に還る生き方を目指す、幸福生活のすすめ。

幸福の科学出版　※表示価格は税込10%です。

健康で若々しく、充実した人生を送る秘訣

『超・絶対健康法』
奇跡のヒーリングパワー

1,650円

「長寿と健康」の秘訣、「心の力」と病気の関係、免疫力を強くする信仰心など、病気が治る神秘のメカニズムが明かされた待望の一書。

『ザ・ヒーリングパワー』
病気はこうして治る

1,650円

ガン、心臓病、精神疾患、アトピー……。スピリチュアルな視点から「心と病気の関係」を解明し、完全無欠な自己像を描く瞑想法も紹介。あなたに奇跡を起こす書！

『老いて朽ちず』
知的で健康な
エイジレス生活のすすめ

1,650円

いくつになっても知的に。年を重ねるたびに健やかに——。「知的鍛錬」や「生活習慣」「若い人から学ぶ」など、実践的観点から生涯現役の秘訣を伝授！

『エイジレス成功法』
生涯現役9つの秘訣

1,650円

年齢に縛られない生き方がある——。この「考え方」で、心・体・頭がみるみる若返り、介護や認知症とは無縁の「生涯現役人生」が拓けてくる！

正《ただ》しい供養《くよう》　まちがった供養《くよう》

――愛するひとを天国に導く方法――

2017年2月8日　初版第1刷
2025年3月24日　第5刷

著　者　大《おお》川《かわ》隆《りゅう》法《ほう》

発行所　幸福の科学出版株式会社
〒107-0052 東京都港区赤坂2丁目10番8号
TEL(03)5573-7700
https://www.irhpress.co.jp/

印刷・製本　株式会社 堀内印刷所

落丁・乱丁本はおとりかえいたします

ISBN978-4-86395-874-6 C0014

大川隆法ベストセラーズ・地獄の真実を知る

地獄の法

法シリーズ 第29巻

あなたの死後を決める「心の善悪」

どんな生き方が、死後、天国・地獄を分けるのかを明確に示した、姿を変えた『救世の法』。現代に降ろされた「救いの糸」を、あなたはつかみ取れるか。

2,200 円

地獄界探訪

死後に困らないために知っておきたいこと

自分が死んでからあとの世界まで考えると、この世でどう生きるべきかが分かる――。大川隆法総裁が霊界探訪をして解き明かした地獄の実態と悟りへの指針がここに。

1,760 円

地獄に堕ちないための言葉

書き下ろし箴言集

死後に待ち受けるこの現実にあなたは耐えられるか？ 今の地獄の実態をリアルに描写した、生きているうちに知っておきたい100の霊的真実。

1,540 円

地獄に堕ちた場合の心得

「あの世」に還る前に知っておくべき智慧

身近に潜む、地獄へ通じる考え方とは？ 地獄に堕ちないため、また、万一、地獄に堕ちたときの「救いの命綱」となる一冊。〈付録〉仏教学者 中村元・渡辺照宏の霊言。

1,650 円

大川隆法ベストセラーズ・主なる神エル・カンターレを知る

太陽の法

法シリーズ 第1巻

エル・カンターレへの道

創世記や愛の段階、悟りの構造、文明の流転等を明快に説き、主エル・カンターレの真実の使命を示した、仏法真理の基本書。25言語で発刊され、世界中で愛読されている大ベストセラー。

2,200円

メシアの法

法シリーズ 第28巻

「愛」に始まり「愛」に終わる

「この世界の始まりから終わりまで、あなた方と共にいる存在、それがエル・カンターレ」──。現代のメシアが示す、本当の「善悪の価値観」と「真実の愛」。

2,200円

信仰のすすめ

泥中の花・透明な風の如く

どんな環境にあっても、自分なりの悟りの花を咲かせることができる。幸福の科学の教え、その方向性、そして、信仰の意義が示される。

1,650円

幸福の科学の本のお求めは、
お電話やインターネットでの通信販売もご利用いただけます。

フリーダイヤル **0120-73-7707**（月～土 9:00～18:00）

幸福の科学出版公式サイト
幸福の科学出版 検索
https://www.irhpress.co.jp

幸福の科学グループのご案内

宗教、教育、政治、出版、芸能文化などの活動を通じて、地球的ユートピアの実現を目指しています。

幸福の科学

一九八六年に立宗。信仰の対象は、大宇宙の根本仏にして地球系霊団の至高神、主エル・カンターレ。世界百七十九カ国以上の国々に信者を持ち、全人類救済という使命の下、信者は、主なる神エル・カンターレを信じ、「愛」と「悟り」と「ユートピア建設」の教えの実践、伝道に励んでいます。

（二〇二五年三月現在）

愛

幸福の科学の「愛」とは、与える愛です。これは、仏教の慈悲《じひ》や布施《ふせ》の精神と同じことです。信者は、仏法真理をお伝えすることを通して、多くの方に幸福な人生を送っていただくための活動に励んでいます。

悟り

「悟り」とは、自らが仏の子であることを知るということです。教学《きょうがく》や精神統一によって心を磨き、智慧《ちえ》を得て悩みを解決すると共に、天使・菩薩《ぼさつ》の境地を目指し、より多くの人を救える力を身につけていきます。

ユートピア建設

私たち人間は、地上に理想世界を建設するという尊い使命を持って生まれてきています。社会の悪を押しとどめ、善を推し進めるために、信者はさまざまな活動に積極的に参加しています。

幸福の科学の教えをさらに学びたい方へ

心を練る。叡智《えいち》を得る。
美しい空間で生まれ変わる――

幸福の科学の精舎《しょうじゃ》

幸福の科学の精舎《しょうじゃ》は、信仰心《しんこうしん》を深め、悟《さと》りを向上させる聖なる空間です。全国各地の精舎では、人格向上のための研修や、仕事・家庭・健康などの問題を解決するための助力が得られる祈願《きがん》を開催《かいさい》しています。研修や祈願に参加することで、日常で見失いがちな、安らかで幸福な心を取り戻《もど》すことができます。

日本全国に27精舎、海外に3精舎を展開。

運命が変わる場所――

幸福の科学の支部《しぶ》

幸福の科学は1986年の立宗《りっしゅう》以来、「私、幸せです」と心から言える人を増やすために、世界各地で活動を続けています。全国・全世界に精舎・支部精舎等を700カ所以上展開し、信仰《しんこう》に出合って人生が好転する方が多く誕生しています。
支部では御法話拝聴会、経典学習会、祈願、お祈り、悩み相談などを行っています。

支部・精舎のご案内

happy-science.jp/whats-happy-science/worship

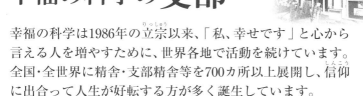

海外支援・災害支援

幸福の科学のネットワークを駆使し、世界中で被災地復興や教育の支援をしています。「HS・ネルソン・マンデラ基金」では、人種差別をはじめ貧困に苦しむ人びとなどへ、物心両面にわたる支援を行っています。

自殺を減らそうキャンペーン

毎年２万人を超える自殺を減らすため、全国各地で「自殺防止活動」を展開しています。

公式サイト　**withyou-hs.net**

自殺防止相談窓口

受付時間　火～土:10～18時（祝日を含む）

TEL　**03-5573-7707**　メール　**withyou-hs@happy-science.org**

ヘレンの会

公式サイト　**helen-hs.net**

視覚障害や聴覚障害、肢体不自由の方々と点訳・音訳・要約筆記・字幕作成・手話通訳等の各種ボランティアが手を携えて、真理の学習や集い、ボランティア養成等、様々な活動を行っています。

幸福の科学　入会のご案内

幸福の科学では、主エル・カンターレ　大川隆法総裁が説く仏法真理《ぶっぽうしんり》をもとに、「どうすれば幸福になれるのか、また、他の人を幸福にできるのか」を学び、実践しています。

入会

仏法真理を学んでみたい方へ

主エル・カンターレを信じ、その教えを学ぼうとする方なら、どなたでも入会できます。入会された方には、『入会版「正心法語《しょうしんほうご》」』が授与されます。
入会ご希望の方はネットからも入会申し込みができます。

happy-science.jp/joinus

三帰《さんき》誓願《せいがん》

信仰をさらに深めたい方へ

仏弟子としてさらに信仰を深めたい方は、仏《ぶっ》・法《ぽう》・僧《そう》の三宝《さんぽう》への帰依を誓う「三帰誓願式」を受けることができます。三帰誓願者には、『仏説・正心法語』『祈願文《きがんもん》①』『祈願文②』『エル・カンターレへの祈り』が授与されます。

幸福の科学 サービスセンター
TEL 03-5793-1727（受付時間／火～金:10～20時　土・日祝:10～18時（月曜を除く））

幸福の科学 公式サイト
happy-science.jp

幸福実現党

日本の政治に精神的主柱を立てるべく、2009年5月に幸福実現党を立党しました。創立者である大川隆法党総裁の精神的指導のもと、宗教だけでは解決できない問題に取り組み、幸福を具体化するための力になっています。

幸福実現党　党員募集中

あなたも幸福を実現する政治に参画しませんか。

＊申込書は、下記、幸福実現党公式サイトでダウンロードできます。

住所：〒107-0052
東京都港区赤坂2-10-8 6階 幸福実現党本部

TEL 03-6441-0754　FAX 03-6441-0764

公式サイト hr-party.jp

HS政経塾

大川隆法総裁によって創設された、「未来の日本を背負う、政界・財界で活躍するエリート養成のための社会人教育機関」です。既成の学問を超えた仏法真理を学ぶ「人生の大学院」として、理想国家建設に貢献する人材を輩出するために、2010年に開塾しました。これまで、多数の地方議員が全国各地で活躍してきています。

TEL 03-6277-6029

公式サイト hs-seikei.happy-science.jp

ハッピー・サイエンス・ユニバーシティ

Happy Science University

ハッピー・サイエンス・ユニバーシティとは

ハッピー・サイエンス・ユニバーシティ（HSU）は、
大川隆法総裁が設立された「日本発の本格私学」です。
建学の精神として「幸福の探究と新文明の創造」を掲げ、
チャレンジ精神にあふれ、新時代を切り拓く人材の輩出を目指します。

人間幸福学部　**経営成功学部**　**未来産業学部**

HSU長生キャンパス　TEL **0475-32-7770**
〒299-4325　千葉県長生郡長生村一松丙 4427-1

未来創造学部

HSU未来創造・東京キャンパス
TEL **03-3699-7707**
〒136-0076　東京都江東区南砂2-6-5

公式サイト **happy-science.university**

学校法人 幸福の科学学園

学校法人 幸福の科学学園は、幸福の科学の教育理念のもとにつくられた教育機関です。人間にとって最も大切な宗教教育を通して精神性を高めながら、ユートピア建設に貢献する人材輩出を目指しています。

幸福の科学学園

中学校・高等学校（那須本校）
2010年4月開校・栃木県那須郡（男女共学・全寮制）
TEL **0287-75-7777**　公式サイト **happy-science.ac.jp**

関西中学校・高等学校（関西校）
2013年4月開校・滋賀県大津市（男女共学・寮及び通学）
TEL **077-573-7774**　公式サイト **kansai.happy-science.ac.jp**

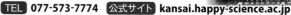

仏法真理塾「サクセスNo.1」

TEL 03-5750-0751（東京本校）

全国に本校・拠点・支部校を展開する、幸福の科学による信仰教育の機関です。小学生・中学生・高校生を対象に、信仰教育・徳育にウエイトを置きつつ、将来、社会人として活躍するための学力養成にも力を注いでいます。

エンゼルプランV

東京本校を中心に、全国に支部教室を展開。0歳〜未就学児を対象に、信仰に基づく豊かな情操教育を行う幼児教育機関です。

TEL 03-5750-0757（東京本校）

エンゼル精舎

乳幼児を対象とした幸福の科学の託児型の宗教教育施設です。神様への信仰と「四正道」を土台に、子供たちの個性を育みます。

（※参拝施設ではありません）

不登校児支援スクール「ネバー・マインド」

TEL 03-5750-1741

「信仰教育」と「学業修行」を柱に、再登校へのチャレンジと、生活リズムの改善、心の通う仲間づくりを応援します。

ユー・アー・エンゼル！（あなたは天使！）運動

障害児の不安や悩みに取り組み、ご両親を励まし、勇気づける、障害児支援のボランティア運動を展開しています。

一般社団法人
ユー・アー・エンゼル
TEL 03-6426-7797

公益活動支援

いじめから子供を守ろうネットワーク

学校でのいじめをなくし、教育改革をしていくためにさまざまな社会提言をしています。
さらに、いじめ相談を行い、各地で講演や学校への啓発ポスター掲示等に取り組む一般財団法人「いじめから子供を守ろうネットワーク」を支援しています。

公式サイト mamoro.org　ブログ blog.mamoro.org

相談窓口 TEL.03-5544-8989

百歳まで生きる会 〜いくつになっても生涯現役〜

「百歳まで生きる会」は、生涯現役人生を掲げ、友達づくり、生きがいづくりを通じ、一人ひとりの幸福と、世界のユートピア化のために、全国各地で友達の輪を広げ、地域や社会に幸福を広げていく活動を続けているシニア層（55歳以上）の集まりです。

【サービスセンター】TEL 03-5793-1727

シニア・プラン21

【サービスセンター】TEL 03-5793-1727

「百歳まで生きる会」の研修部門として、心を見つめ、新しき人生の再出発、社会貢献を目指し、セミナー等を開催しています。

幸福の科学グループ **出版 メディア 芸能文化**

幸福の科学出版

大川隆法総裁の仏法真理の書を中心に、ビジネス、自己啓発、小説など、さまざまなジャンルの書籍・雑誌を出版しています。また、大川総裁が作詞・作曲を手掛けた楽曲CDも発売しています。他にも、映画事業、文学・学術発展のための振興事業、テレビ・ラジオ番組の提供など、幸福の科学文化を広げる事業を行っています。

アー・ユー・ハッピー?
are-you-happy.com

ザ・リバティ
the-liberty.com

THE FACT

YouTubeにて随時好評配信中!

ザ・ファクト

マスコミが報道しない「事実」を世界に伝えるネット・オピニオン番組

公式サイト **thefact.jp**

全国36局 & ハワイで毎週放送中!

ラジオ番組 天使のモーニングコール

天使のモーニングコール

毎週様々なテーマで大川隆法総裁の心の教えをお届けしているラジオ番組

公式サイト **tenshi-call.com**

幸福の科学出版 TEL **03-5573-7700** 公式サイト **irhpress.co.jp**

NEW STAR PRODUCTION

ニュースター・プロダクション

公式サイト **newstarpro.co.jp**

「新時代の美」を創造する芸能プロダクションです。多くの方々に良き感化を与えられるような魅力あふれるタレントを世に送り出すべく、日々、活動しています。

ARI Production

ARI《アリ》 Production《プロダクション》

公式サイト **aripro.co.jp**

タレント一人ひとりの個性や魅力を引き出し、「新時代を創造するエンターテインメント」をコンセプトに、世の中に精神的価値のある作品を提供していく芸能プロダクションです。